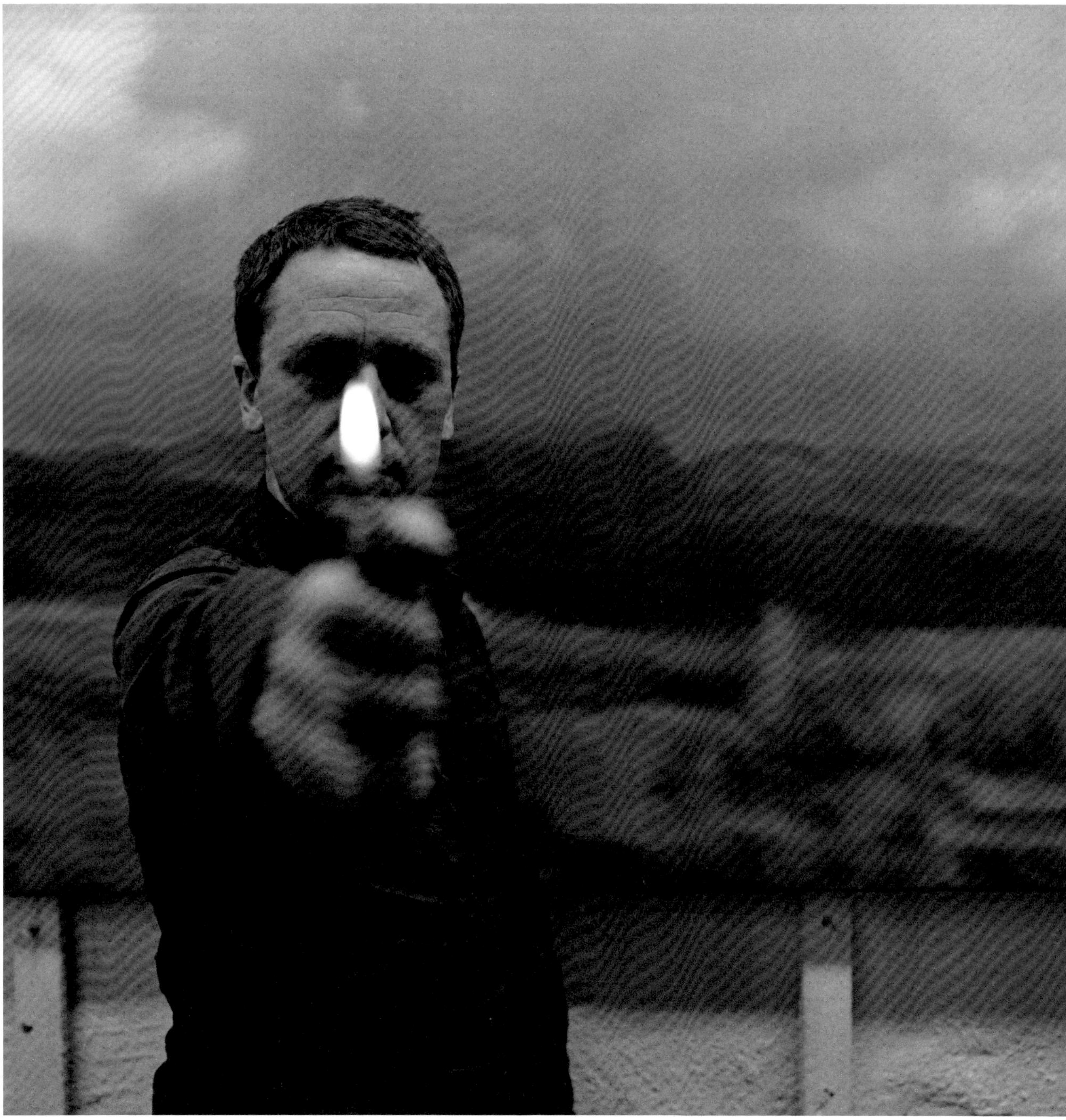

Klaus Honnef

Gerhard Richter

TASCHEN

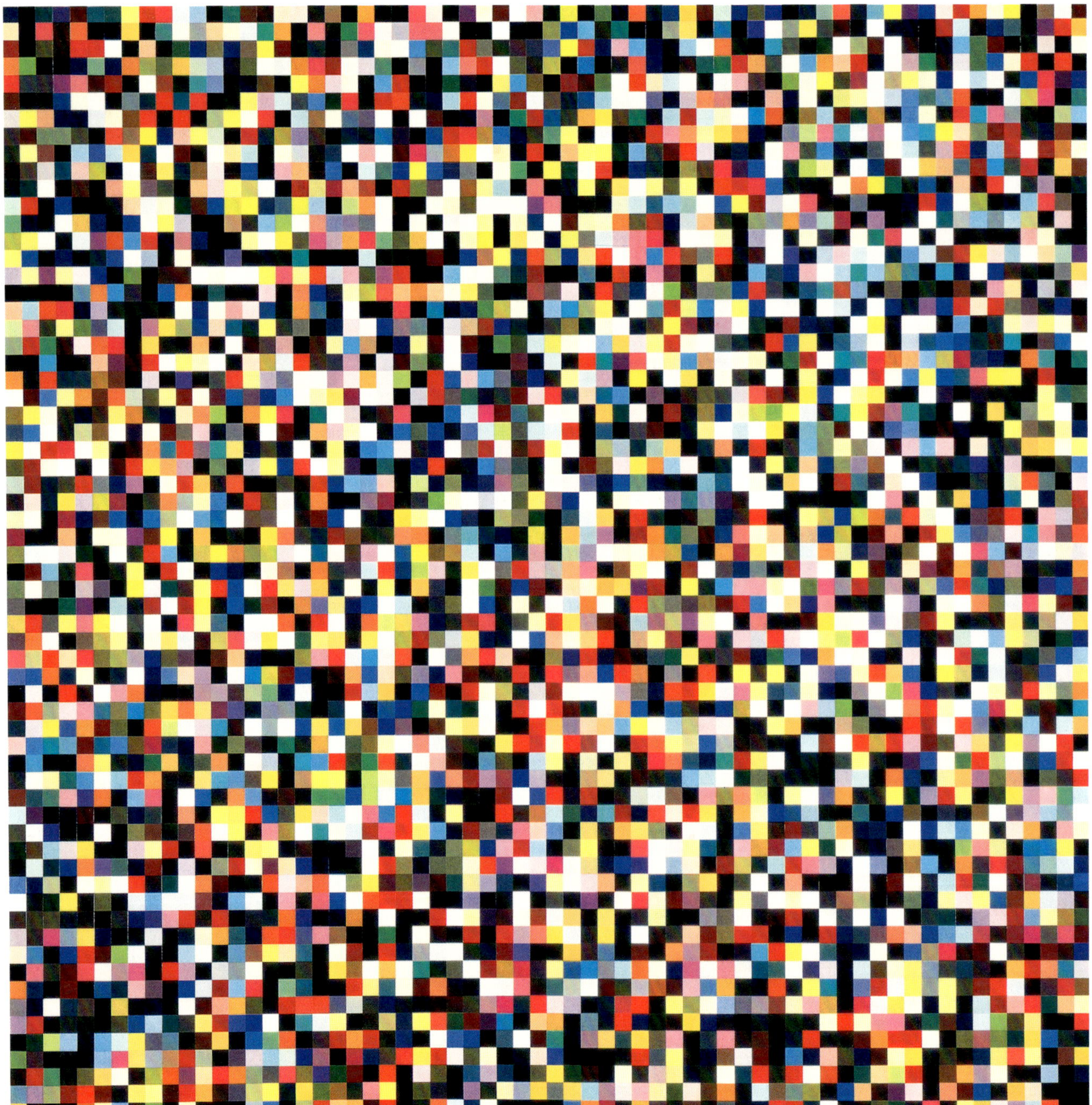

Inhalt

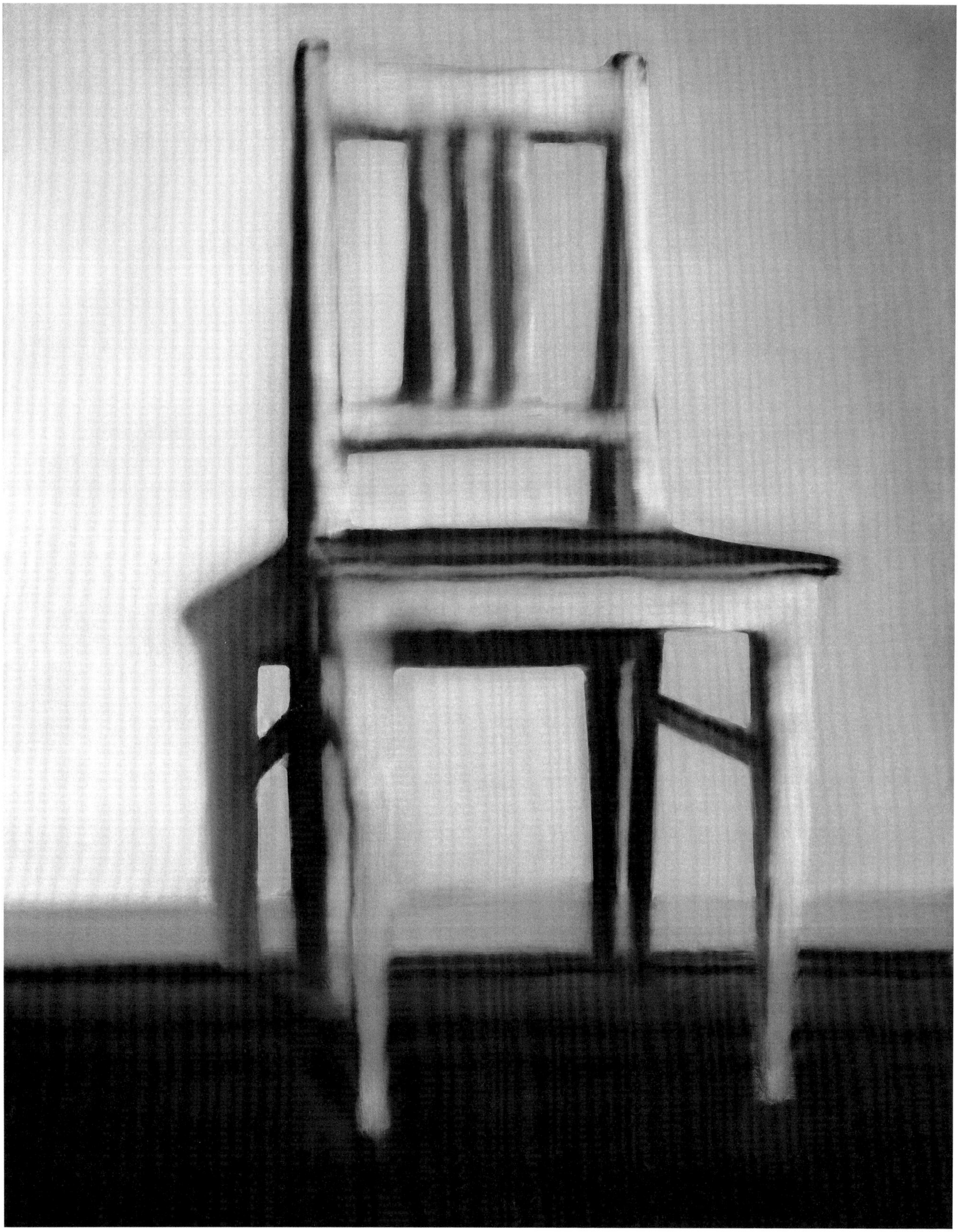

„… beim Malen ist das Denken Malen.“ [1]

Als er die große Retrospektive der Bilder von Gerhard Richter 2002 im Museum of Modern Art in New York vorbereitete, stellte der Kurator Robert Storr dem Künstler eine brisante Frage. „Wie hältst Du es mit der Kunstgeschichte?“ Der provokante Kern der Frage enthüllt sich erst, wenn man das künstlerische Selbstverständnis nach dem Aufbruch der Moderne in den Blick nimmt. Erst vor der Folie der turbulenten Kunst des 20. Jahrhunderts entfaltet diese Frage ihre Schärfe. Denn im Blick zurück erscheint die Kunst der Moderne als symbolische Revolution, die allem Vorhergehenden unaufhörlich eine schroffe Abfuhr erteilte. Der Glaube an einen unaufhaltsamen Fortschritt befeuerte den Antrieb. Die maßgebenden künstlerischen Richtungen, Vorstellungen, Prinzipien und Haltungen wechselten in atemberaubendem Tempo. Sogar viele Anti-Kunst-Initiativen mündeten in neue Kunstformen und diese wiederum in neue. Ästhetische Kriterien und Überzeugungen verbrauchten sich schneller als Wegwerfhandschuhe, und in der Konsequenz ist die Geschichte der Kunst für die Künstler allenfalls noch – wenn überhaupt – ein Supermarkt für willkürliche Zitate. Verpflichtende ästhetische Maßstäbe liefert sie ihnen offenbar nicht mehr.

Umso erstaunlicher ist Richters unmissverständliche Antwort: „Ich gehöre eindeutig zur Kunstgeschichte, das ist meine Domäne, mein Zuhause.“[2] Aufgefordert, seine Position innerhalb der Domäne genau zu umreißen, präzisierte er: „In der Kunstabteilung, bei den Malern.“[3]

Was so selbstverständlich klingt, war es für Richter nicht. Vielmehr ist sein künstlerischer Weg zur „Kunstabteilung, bei den Malern“ von Beginn an mit tiefen Zweifeln und vielen Unsicherheiten gepflastert. Von außen betrachtet, wäre daher der Umweg eine bezeichnende Metapher, doch was dem oberflächlichen Blick wie ein Gewirr von Verzweigungen erscheint, ist in Wirklichkeit die zwingende Bedingung einer künstlerischen Praxis, die ihre Ergebnisse allein aus der Praxis selbst gewinnt. Aus einem beständigen Pingpong von Versuch und Irrtum, von produktiven wie unfruchtbaren Zufällen und anhaltenden Pausen. Einer Praxis, die keiner zuvor festgelegten Absicht oder gar Doktrin gehorcht, sondern nur auf die jeweiligen Maßnahmen auf der Leinwand fokussiert ist. Jeder Pinselstrich fordert eine Reaktion heraus, die einen mehr oder minder gewichtigen Einfluss auf das Gesamtgefüge eines gemalten Bildes hat. Im Malen manifestiert sich Eigensinn. „Malen hat mit Denken nichts zu tun, denn beim Malen ist das Denken Malen,“[4] stellte Richter in einer seiner frühen aphoristisch zugespitzten Notizen fest.

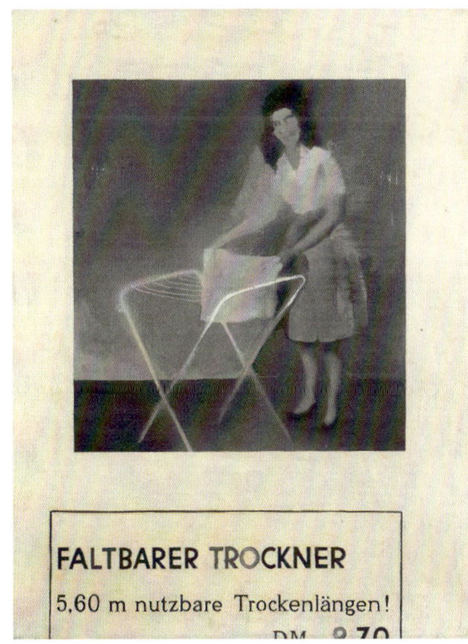

Faltbarer Trockner, 1962 (CR 4)
Öl auf Leinwand, 99,3 x 78,6 cm
Stuttgart, Sammlung Froehlich

SEITE 2
Gerhard Richter, 1970
Foto: Gerhard Richter, mit freundlicher Genehmigung des Gerhard Richter Archivs, Dresden

SEITE 4
4096 Farben, 1974 (CR 359)
Lack auf Leinwand, 254 x 254 cm
Privatsammlung

SEITE 6
Küchenstuhl, 1965 (CR 97)
Öl auf Leinwand, 100 x 80 cm
Recklinghausen, Kunsthalle

Der Satz ist ein Schlüssel zum Zugang zu seiner Kunst. Den apodiktischen Zungenschlag relativiert und unterstreicht gleichermaßen eine Bemerkung des Soziologen Pierre Bourdieu. „Jeder Pinselstrich ist frei und strukturiert zugleich."[5] Einerseits unverkennbar der Pinselstrich eines künstlerischen Subjekts, andererseits strukturiert durch eine Fülle von Anregungen, Erfahrungen, Techniken und Einstellungen, die Künstler im Laufe ihres Lebens unbewusst oder bewusst erworben haben. Erworben, durch „ein System von Zwängen [...], das [nichtsdestoweniger] einen Spielraum definiert, einen Freiraum."[6] Die Impulse aus unterschiedlichen Quellen, einer Mischung aus lebensweltlichen, kulturellen und ästhetischen, fließen unwillkürlich in die künstlerische Haltung ein. Sie modulieren die Wahrnehmung der Welt ebenso wie das ästhetische Urteil. Sie speisen sich aus sozialen Strukturen und institutionellen Gegebenheiten und verdichten sich in der Haltung eines Künstlers.

Wer diese komplexen und bisweilen kontroversen Faktoren nicht berücksichtigt, verfehlt die künstlerische Essenz der Bilder von Richter. Ihre stille subversive Kraft samt der umwälzenden Wirkung in der neueren Kunst sowie ihre subtilen Referenzen. Subversiv verhalten sie sich gegenüber den vorherrschenden Strömungen und Moden der Kunst, deren periodische Verbindlichkeit sie intelligent untergraben; wohingegen ihre ästhetischen Bezüge erhellen, in welchen künstlerischen Feldern er tatsächlich stimulierende Signale freisetzt. Richter ist ein symbolischer Revolutionär. Seine revolutionäre Tätigkeit dokumentiert sich durch die Praxis des Malens. Für die Außenstehenden unsichtbar, sichtbar nur am künstlerischen Resultat. Seine Ausstellungen lösten mannigfaltige Irritationen aus. Sie begleiteten Richters Werk und schlugen sich in den Kunstkritiken und der Reaktion des Kunstpublikums nieder. Mittlerweile hat sich die Kunstwelt an die Umpolungen gewöhnt, die seine Bilder aufweisen, sodass sich ihre tatsächliche Radikalität abgeschliffen hat und Standard wurde.

Richter hat die Malerei zwar nicht von Neuem erfunden. Ebenso wenig hat er abgenutzte Modelle wieder aufpoliert, nachdem die Malerei mehrfach mit dem Brustton der Überzeugung von künstlerischer und kunstkritischer Seite für tot

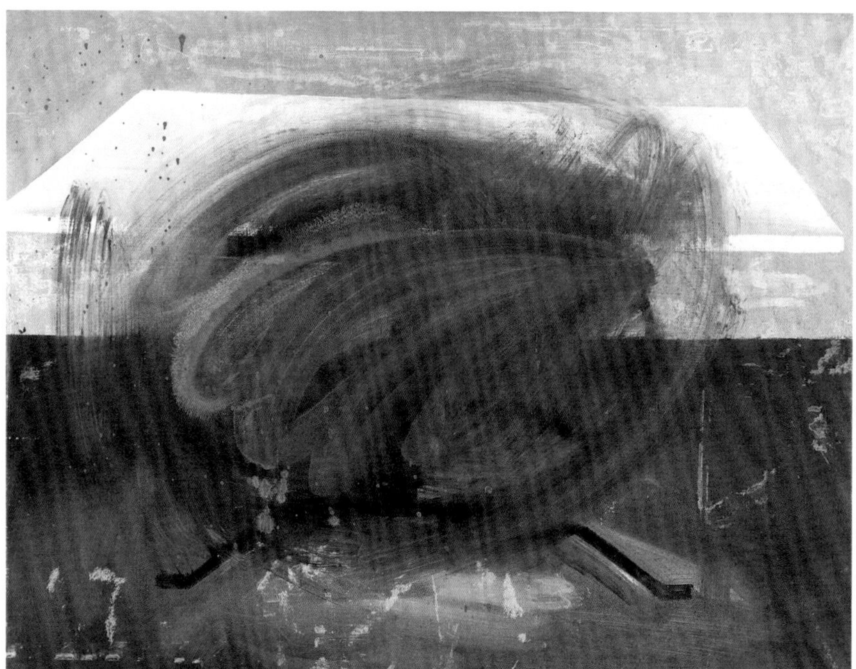

Tisch, 1962 (CR 1)
Öl auf Leinwand, 90 x 113 cm
Cambridge, USA, Harvard Art Museums/Busch-Reisinger-Museum
(Leihgabe aus Privatbesitz)

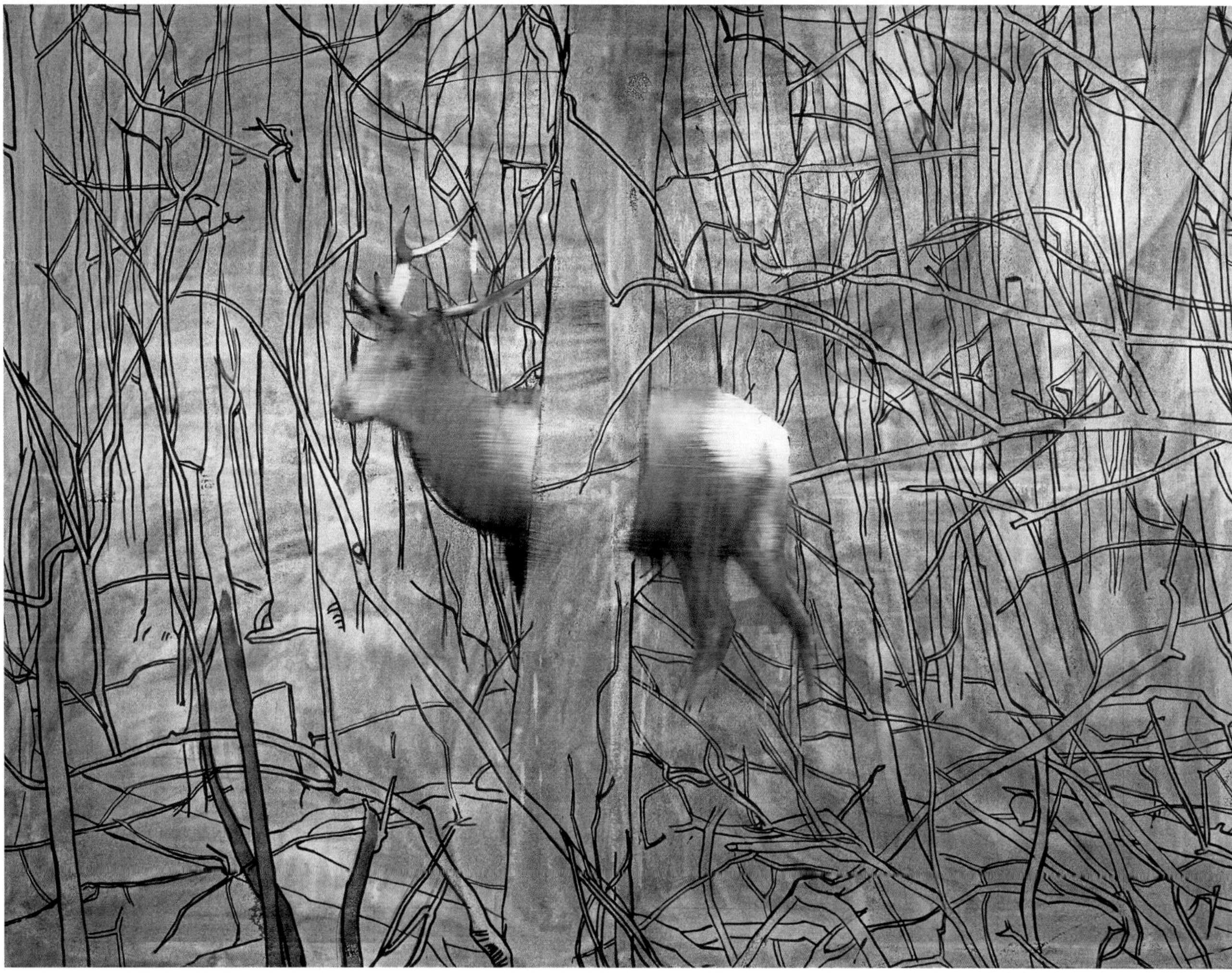

Hirsch, 1963 (CR 7)
Öl auf Leinwand, 150 x 200 cm
Paris, Fondation Louis Vuitton

erklärt wurde. Doch er hat sie von allem ideologischen Wildwuchs befreit, der sie auf die Illustration von sichtbaren Gegebenheiten verkürzte. Stattdessen erneuerte er die Malerei von der Basis aus und führte sie auf die elementaren Bedingungen ihrer Möglichkeiten zurück. Dabei betonte er ihr materielles Fundament, und ihre materiellen Qualitäten wurden zu den entscheidenden Sprachmitteln. Alten Formen und Kategorien, die durch doktrinäre Verwendung verbraucht und beschädigt worden waren, verlieh er eine unvermutete Frische, indem er ihnen ein reflexives Moment einzog und dieses visualisierte.

Gleichwohl zeigt sich das Verhältnis zwischen Künstler und Malerei als ein sehr differenziertes und keineswegs widerspruchsfreies. Es ist vergleichsweise distanziert und unterlegt von einer merkwürdig emotionslosen Leidenschaft; cool und degagiert. Anklänge an die Thesen vom „Tod des Autors", die Roland Barthes und Michel Foucault in Frankreich publizierten, finden sich in seiner künstlerischen Einstellung. Ein Motiv blitzt in einem signifikanten Satz auf: „Meine Bilder sollen immer etwas sagen. Deshalb bezeichne ich meine Arbeit auch lieber als Bilder denn als Malerei."[7]

Doch es geht ihm um weit mehr als um die Terminologie. Mit der Entscheidung zieht er eine klare Grenze zu jeder Form expressiver, ja subjektiv grundierter Malerei. Zur Malerei eines Autor-Künstlers, der in den Worten von Roland Barthes, das Werk *„ernährt"*, „das heißt, er existiert vorher, denkt, leidet, lebt für sein" Werk.[8] Alle herkömmlichen Vorstellungen vom Künstler, die auf einen gottähnlichen Schöpfergeist

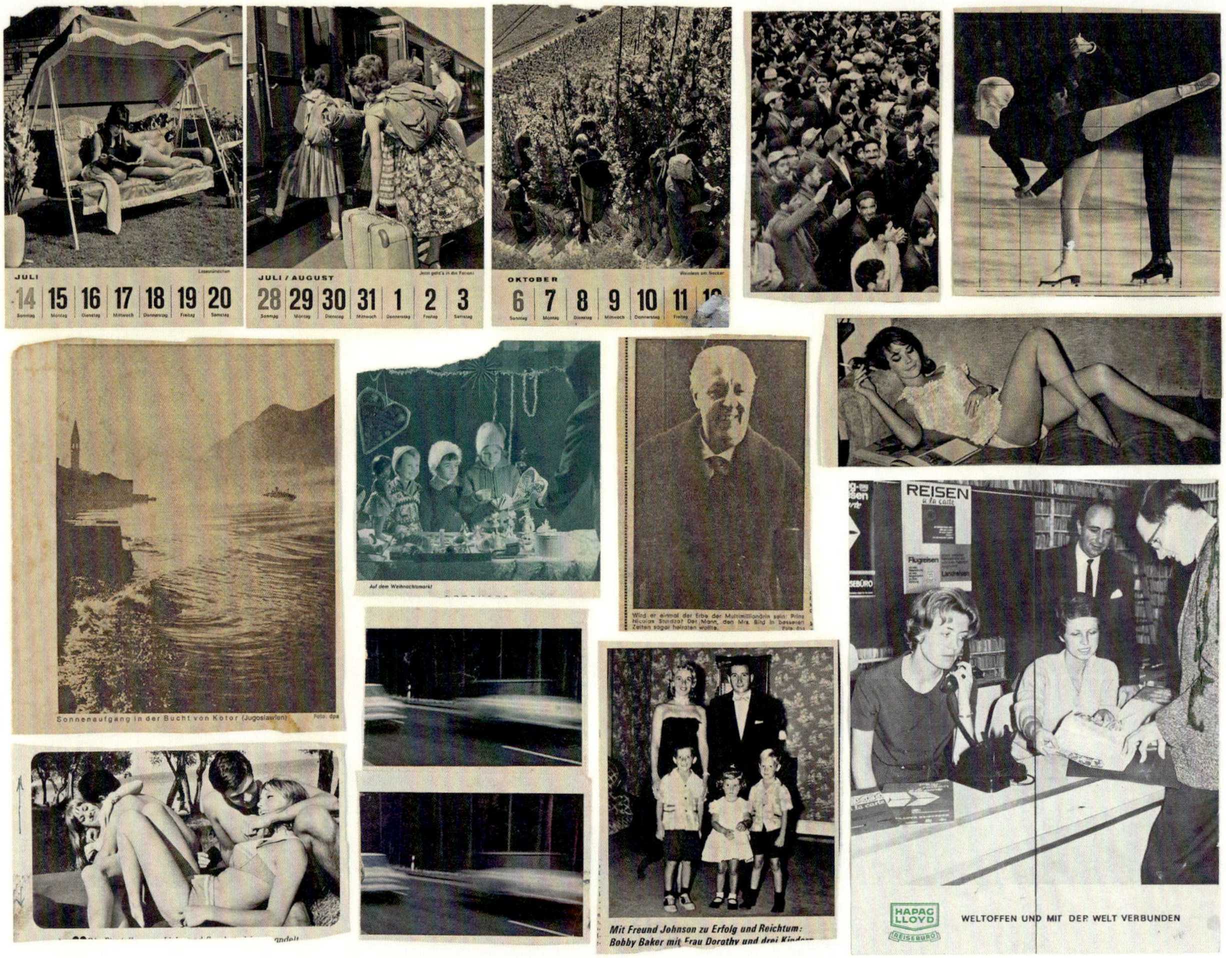

Zeitungsfotos, 1962–66 (ATLAS TAFEL 7)
2 Farb-, 12 s/w-Fotos, 3 Kalenderblätter auf Karton montiert, 51,7 x 66,7 cm
München, Städtische Galerie im Lenbachhaus und Kunstbau

hinauslaufen, kündigte Richter auf. Seine Einschätzung als Künstler korrespondiert mit dem Begriff des „agent" Bourdieus als „Handlungsträger" von Dispositionen, die er sich entweder durch Lernen und Erfahrung angeeignet hat oder die er unbewusst während seines Lebens aufgefangen und verinnerlicht hat. Darin äußert sich die ausgesprochene Modernität der künstlerischen Haltung Richters ungeachtet der Einlassung, seine Arbeit habe „in jeder Beziehung mehr mit der traditionellen Kunst zu tun als mit allem Übrigen"[9]. Eine nicht minder unverhohlene Abneigung hegt der Künstler einer ausschließlich selbstbezüglichen Malerei gegenüber. Bereits 1962 schrieb er in seinen Notizen, „Mitteilungsbedürfnis"[10] sei die Antriebsfeder zu malen. Ein erklärender Zusatz mutet beinahe programmatisch an: „Bemühen um Fixierung der Anschauung, um Bewältigung der Erscheinungen (die fremd sind und Namen und Sinn erhalten müssen)."[11]

Nicht von ungefähr schwankte Richters Verhältnis zur Malerei stärker in seinen frühen Jahren. In jenen Dekaden nach der Mitte des 20. Jahrhunderts, als sich in der westlichen Kunstszene ein Furor ohne Vorbild austobte. In der Welt der Kunst beließ er keinen Stein auf dem anderen. Nicht einmal Dada nach dem Ersten Weltkrieg war von einer vergleichbaren Tabula-rasa-Mentalität getrieben. Maler zerschlitzten die Leinwand, verpackten *merde d'artiste* in Dosen und druckten Zeitungsfotos auf den Malgrund. Richter entwickelte ein überraschend lebhaftes

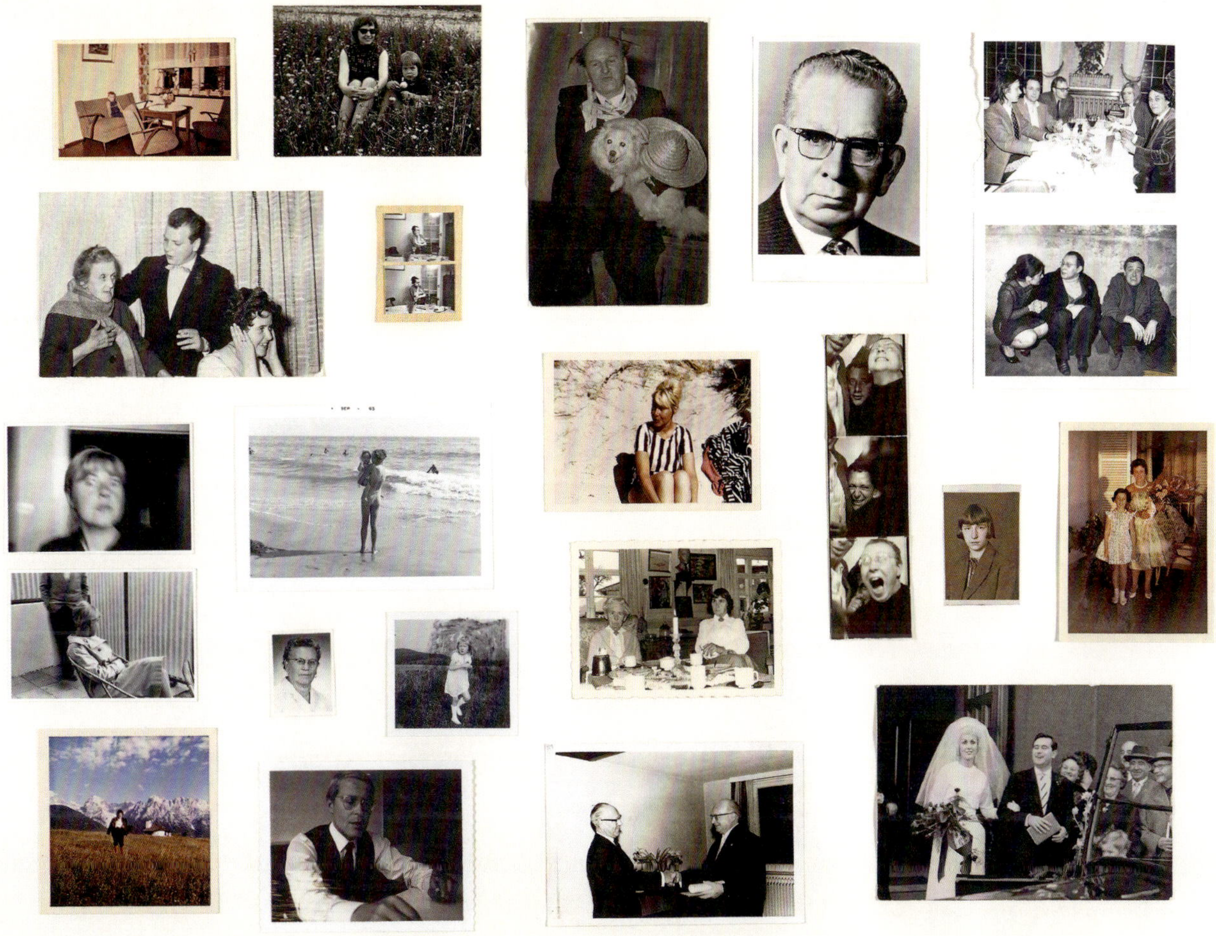

Albumfotos, 1962–66 (ATLAS TAFEL 6)
4 Farb-, 21 s/w-Fotos auf Karton montiert, 51,7 x 66,7 cm
München, Städtische Galerie im Lenbachhaus und Kunstbau

Interesse an den ungewöhnlichen künstlerischen Bestrebungen von Antiform und Antikunst; an Fluxus, Pop Art, Happening, Performances, Prozesskunst und Conceptual Art. Diese partiell anti-künstlerischen Tendenzen haben ihn tief verunsichert, aber nicht weniger beeindruckt. Unsicherheit ist für Richter ein schmerzliches, aber nicht unbedingt negatives Empfinden. In einem Statement für Coosje van Bruggen resümierte er im Mai 1985 seine komplexe Beziehung zu den künstlerischen Protestaktionen von damals: „Es war alles sehr zynisch und destruktiv. Es war ein Zeichen für uns, und wir wurden zynisch und frech und sagten uns, dass Kunst Quatsch ist und Cézanne blöd usw.… Ich will ein Foto malen! Fluxus war der Katalysator!“[12]

Richter war Augenzeuge der turbulenten Aktionen, Happenings und sonstigen künstlerischen Interventionen. Hautnah erlebte er die künstlerischen Attacken auf die überlieferten ästhetischen Modelle und Prinzipien sowie die Umbrüche in der Kunstszene mit. Manche der kleineren Städte in Nordrhein-Westfalen, dem bevölkerungsreichsten Land der Bundesrepublik Deutschland mit seiner Hauptstadt Düsseldorf, waren Epizentren des kulturellen Wirbelsturms. Viele hatten schon vor der Nazi-Zeit die Avantgarde-Kunst willkommen geheißen.

In Düsseldorf hatte Richter sich mit seiner Frau Ema nach seiner Flucht aus der DDR am 1. März 1961 niedergelassen. München war ursprünglich sein Ziel. Ein Zufall? Falls es ein Zufall war, dann ein symptomatischer. Denn der am 9. Februar

1932 in Dresden geborene Richter, Absolvent der dortigen Hochschule für Bildende Künste als Wandmaler mit Diplom, registrierte die Umwälzungen in der westdeutschen Kunstszene mit erstaunlicher Aufgeschlossenheit und Neugierde. Womöglich erlebte er sie wie einen Widerschein der künstlerischen Freiheit, die er für sich und seine Kunst durch die Flucht ersehnt hatte. Die Ereignisse trafen ihn jedoch nicht völlig unvorbereitet. Durch eine Tante im Westen, die ihn mit Büchern, Katalogen und Kulturzeitschriften versorgt hatte, war er zumindest oberflächlich informiert. Die regelmäßigen Unterhaltungen mit seinen Künstlerfreunden, die ihrerseits über Nachrichtenquellen aus dem Westen verfügten, rundeten die Leseerfahrungen ab. Dank einer Tagesreise nach Kassel zur *documenta 2* sowie Fahrten nach Hamburg und München und einem Trip nach Paris war Richter darüber hinaus durch eigene Anschauung über die wesentlichen Kunstströmungen im Westen einigermaßen unterrichtet.

Nach Abschluss seines Studiums hatte er es als freier Maler in der DDR zu einem gewissen Ansehen und bescheidenem Wohlstand gebracht. Aufträge von verschiedenen Seiten erlaubten es ihm sogar, ein Auto zu erwerben. Politisch wurde er kaum behelligt, andererseits vermied er es peinlich, Aufsehen zu erregen. Dass seine künstlerischen Bestrebungen ständig an ideologische Grenzen stießen, ließ ihm letzten Endes keine andere Wahl als die Flucht, wollte er seine künstlerischen Vorstellungen frei von staatlicher Einflussnahme realisieren und ihnen nicht nur nachts nachgehen. Seine prinzipielle und geradezu physische Abneigung gegen Ideologien welcher

Sargträger, 1963 (CR 5)
Öl auf Leinwand, 135 x 180 cm
München, Bayerische Staatsgemäldesammlungen, Pinakothek der Moderne, Freunde der Pinakothek der Moderne e.V. für die Sammlung Moderne Kunst

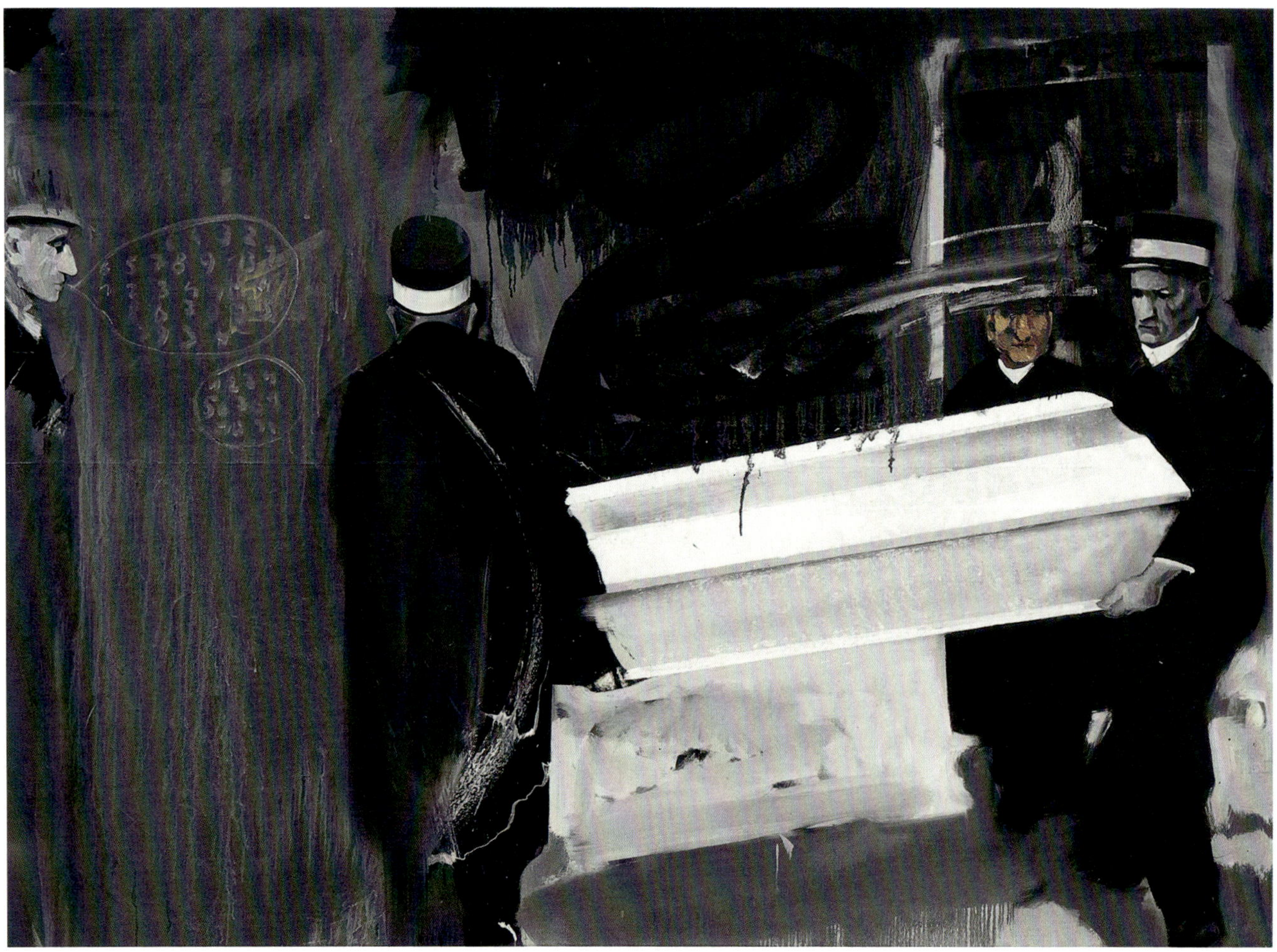

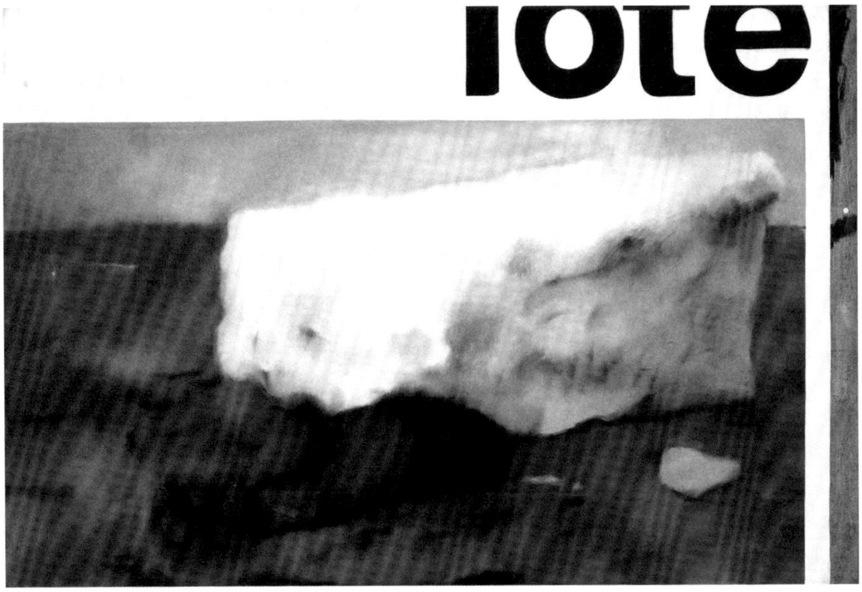

Tote, 1963 (CR 9)
Öl auf Leinwand, 100 x 150 cm
New York, The Museum of Modern Art

Färbung auch immer hat Richter wiederholt betont. Wahrscheinlich haben die ideologischen Zwänge seine Empfänglichkeit für die künstlerischen Tendenzen, die sich gegen jede Konvention wehrten und die künstlerische Freiheit in ihren Aktionen, die sie mitunter bis zum Exzess nutzten, besonders sensibilisiert.

In Düsseldorf startete Gerhard Richter ein zweites Studium an der berühmten Kunstakademie, die sich in Sachen Avantgarde-Kunst ebenfalls als Brandbeschleuniger hervortun sollte. In der Malereiklasse von Karl Otto Götz, einem der herausragenden Vertreter des deutschen Informel, lernte er Konrad Lueg und Sigmar Polke kennen. Wegbegleiter und wichtige künftige Gesprächspartner. Später kam Blinky Palermo hinzu. Während des Studiums erarbeitete er sich die vorherrschenden westlichen Kunstformen, vom Informel über den Konstruktivismus bis zur Farbfeldmalerei, förmlich an die Hand und verleibte sie sich ein. Was ihn andererseits nicht daran hinderte, allein um seine wirtschaftliche Lage aufzubessern, zusammen mit Lueg und Polke an der Gestaltung von Festwagen für den traditionellen Düsseldorfer Karnevalsumzug zu arbeiten.

In besonderem Maße wird auch das politische, soziale und kulturelle Fluidum der Zeit Einfluss auf seine künstlerische Haltung ausgeübt haben. Das anschwellende Unbehagen an den gesellschaftlichen Strukturen des konservativen Adenauer-Regimes in der jüngeren Generation, die unterschwellige Angst vor einem möglichen Atomkrieg und das Misstrauen gegen die fortwährend fragwürdiger werdenden Freiheitsparolen des Westens, verschärft durch den sich ausweitenden Vietnamkrieg. Nicht zu vergessen die psychosozialen Nachwehen des Frankfurter Auschwitz-Prozesses, der die kollektiv verdrängten Verbrechen unter der Nazi-Herrschaft endlich ins öffentliche Licht rückte. Eingebettet war dies in einen weltweiten Protest gegen überkommene institutionelle und personale Autoritäten, die in den Augen der Kriegskinder über nationale Grenzen hinaus ihre Legitimation längst verwirkt hatten. Die Schauplätze der Proteste waren die Straßen. Und sie beherrschten auch die Massenmedien, die sich zunächst auf die Seite der etablierten Macht geschlagen hatten.

In der Kunstszene wog der Vorwurf schwer, die zeitgenössische Kunst verschleiere im demonstrativen Beharren auf Selbstbezug die politischen und sozialen Missstände ebenso wie die Verbrechen der vergangenen Jahrzehnte und die gesellschaftlichen Widersprüche der Gegenwart. Unter diesem Druck verlor das Argument, die Kunst wehre durch das Postulat der Autonomie jeden Versuch einer weiteren Instrumentalisierung nach Nationalsozialismus und Kommunismus ab, seine sakrosankte Gültigkeit. Viele der jüngeren Künstler und die mit ihnen sympathisierenden Kunstkritiker, meist kurz vor dem Krieg geboren, ohne aktiv beteiligt gewesen zu sein, wollten die Welt nicht bloß interpretieren, sondern verändern.

Den Stoff für zahlreiche künstlerische Aktionen bot denn auch die konkrete Realität. Meistens war sie zugleich ihr Gegenstand. Pop Art richtete den Blick auf die Phänomene der urbanen Zivilisationen und vereinnahmte sie: Kino, Fernsehen, Werbung, Mode, Illustrierte, Fotografie und Comic. Die britische Version mit kritischem Unterton, die US-amerikanische affirmativ. Pop Art brach radikal mit dem elitären Vorbehalt der Kunst und öffnete sie für die visuellen Impulse der Massenmedien. Die Land-Art-Künstler verwandelten die weiten Flächen außerhalb der urbanen Metropolen der USA in einen „Malgrund", um ihre künstlerischen Eingriffe zu realisieren. Wie bei den Happenings und Aktionen hielten die Foto- und Filmkameras der Akteure oder ihrer Begleiter das Geschehen für die Nachwelt fest. Als die Aktionskunst samt der Antikunst gegen heftige Widerstände ihren Platz in der zeitgenössischen Kunst fanden, eroberte sich die „dokumentarische Fotografie", die für Sicht-barkeit gesorgt hatte, automatisch die Kunstsphäre – sozusagen huckepack. Eine andere, nachhaltigere Folge des musealen Erfolges der Anti-Kunst war indes der zwangsläufige Verfall der überlieferten ästhetischen Kriterien und Kategorien.

Richter hatte die Fotografie schon als Heranwachsender für sich entdeckt. Durch ein Geschenk seiner Mutter war er seit 1945 Besitzer einer kleinen Kassettenkamera. Als musisch Begabte war sie es auch, die ihn in die Sphäre der Kultur, der Musik und Literatur lotste. In einem Labor, das sich ein Freund seines Vaters eingerichtet hatte, lernte er das Entwickeln und Abziehen fotografischer Bilder. Er fotografierte

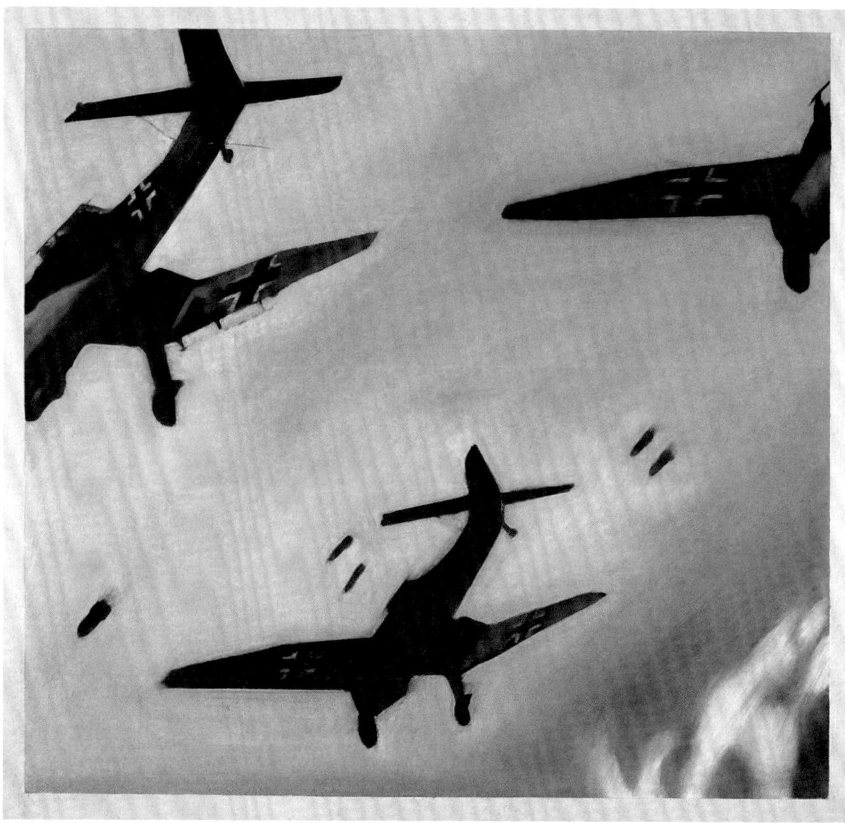

Stukas, 1964 (CR 18-1)
Öl auf Leinwand, 80 x 80 cm
München, Bayerische Staatsgemäldesammlungen, Pinakothek der Moderne
(Leihgabe des Wittelsbacher Ausgleichsfonds)

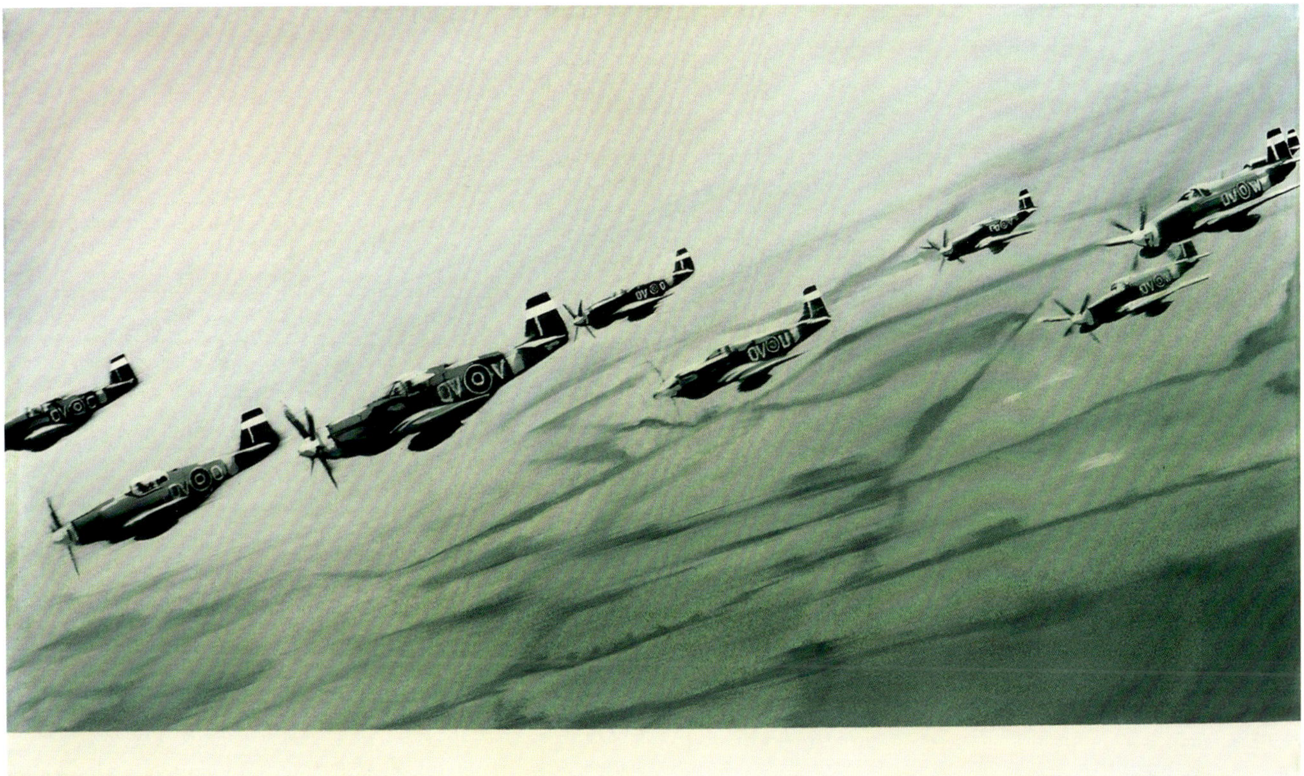

Mustang-Staffel, 1964 (CR 19)
Öl auf Leinwand, 88 x 150 cm
Dresden, Gerhard Richter Archiv,
Staatliche Kunstsammlungen Dresden
(Leihgabe aus Privatbesitz)

ausgiebig und mit Begeisterung. Das Gros seiner Fotografien veröffentlichte er später in dem *Atlas*[13] genannten Kompendium, dem Bildfundus seiner Kunst in Buchform. In der Literatur über Richter wird ausgeblendet, dass der Künstler zu der ersten Generation in Deutschland gehörte, die sich vor allem mit Hilfe fotografischer Bilder in Büchern, Zeitschriften und Privatalben ihr „Bild von der Welt" – eine der oft verwendeten Formeln des Künstlers – gemacht haben. Auch die ersten Kunstwerke erblickte er nicht im Original, sondern über den Transfer der Reproduktionen in Kunstbüchern. In welcher Weise und in welchem Umfang der Umgang mit fotografischen Bildern die individuelle und kollektive Sicht beeinflusst, ist kaum ernsthaft erforscht worden. Außer Zweifel steht allerdings, dass sich Richter wie kein Künstler sonst eindringlich und ausgiebig mit den ästhetischen Herausforderungen der Fotografie beschäftigt und über sie nachgedacht hat.

Seit 1962 malt er fotografische Bilder. Fotografische Bilder? Zwar verdankte er seine visuellen Gegenstände fraglos fotografischen Bildern. Aber anders als die Pop Art und verwandte künstlerische Richtungen reproduzierte er weder die fotografischen Vorlagen eins zu eins noch verwendete er sie in Gestalt des Zitats. Tatsächlich arbeitete er sich im Vorgang des ständigen Abmalens systematisch an den ästhetischen Kern des technischen Mediums heran, der nicht zuletzt in der Zone des Metaphysischen, zumindest des Halluzinatorischen angesiedelt ist. Die Abwesenheit dessen, was sie vergegenwärtigt und was in der fotografischen Abbildung tatsächlich nur als Schatten anwesend ist, bestimmt die Fotografie.

„Es geht mir ja nicht darum, ein Foto zu imitieren, ich will ein Foto machen",[14] erklärte Richter. Die Erklärung unterstreicht, dass er neben dem fotografischen Abbild auch dessen ästhetisches Alleinstellungsmerkmal im Auge hat. Seine schriftlich fixierten Überlegungen zur Fotografie belegen des Weiteren, dass seine künstlerischen Bestrebungen nicht nur auf die Fotografie zielen – vielmehr ist es die visuelle

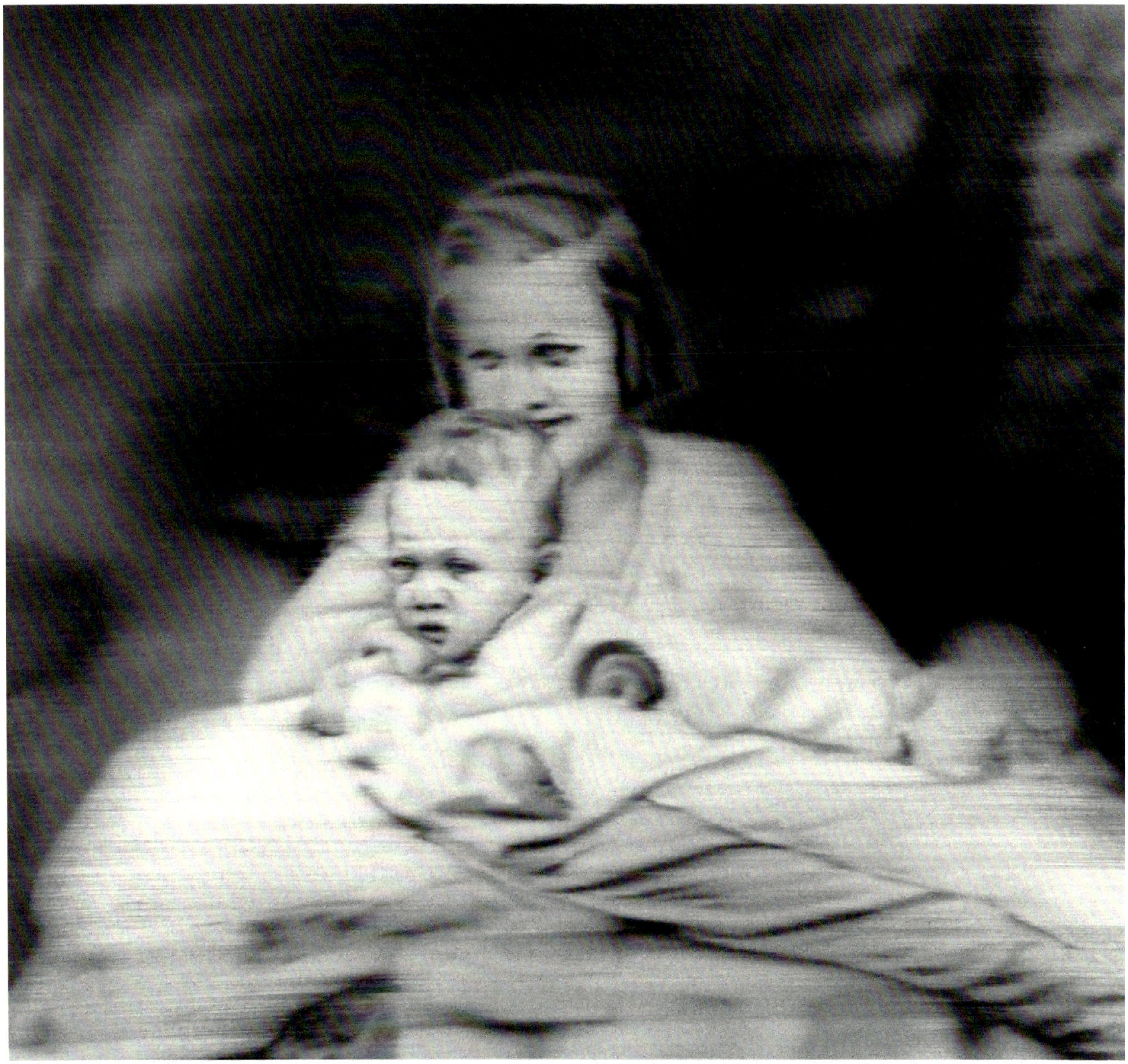

Tante Marianne, 1965 (CR 87)
Öl auf Leinwand, 100 x 115 cm
Taipei, The Yageo Foundation

Onkel Rudi, 1965 (CR 85)
Öl auf Leinwand, 87 x 50 cm
Lidice, Tschechien, Lidice Collection

Wahrnehmung als solche, die ihn interessiert. Damit liegt er ganz auf der Linie der Kunst der Moderne seit Manet, Seurat und Cézanne. Sie schufen als erste Künstler ihre Gemälde vor der Folie des auftrumpfenden Massenmediums Fotografie.

In Richters Texten zur Fotografie verrät sich ein hohes Maß an theoretischer Durchdringung. Eine exemplarische Notiz von 1964/65 unterscheidet zwischen Sehen und Erkennen. Sie illustriert den Unterschied mit einem aufschlussreichen Vergleich von Fotografie und Malerei: „Das Foto gibt die Gegenstände in anderer Weise wieder als das gemalte Bild, weil der Fotoapparat die Gegenstände nicht erkennt, sondern sieht. Beim ‚Freihandzeichnen' wird der Gegenstand in seinen Teilen, Maßen, Proportionen, geometrischen Figuren erkannt. Diese Bestandteile werden als Chiffren notiert und sind zusammenhängend ablesbar. Das ist eine Abstraktion, die die Realität deformiert und eine spezifische Stilisierung fördert. Wenn man mit Hilfe eines Projektors Konturen nachzieht, umgeht man diesen

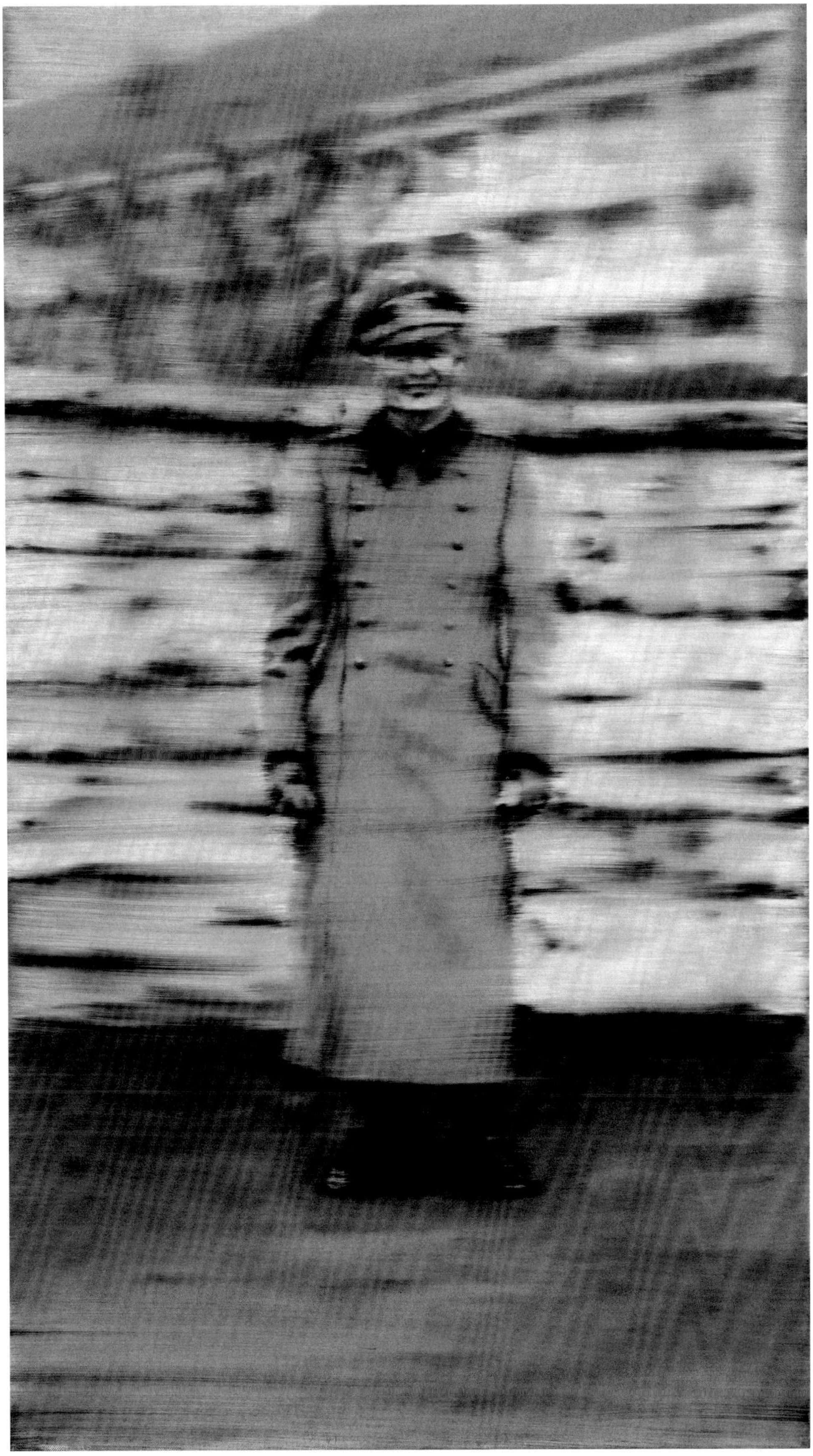

umständlichen Erkenntnisprozess. Man erkennt nicht mehr, sondern sieht und macht (informell), was man nicht erkannt hat."[15]

In seinen fotografischen Bildern eignete sich der Künstler den Kamerablick physisch an, wie er sich die einzelnen Variationen der modernen Malerei angeeignet hatte. Er malte, wie eine Kamera sieht. Fixiert die Fotografie ihr Abbild im Nu, akzeptierte Richter das fotografische Abbild als gegeben. Er vermied sämtliche Kunstgriffe bei der technischen Übertragung der Bilder – sei es mittels eines Projektors, sei es beim Abpausen – wie Komposition, Stil und Subjektivität. Mit diesen hatten die Maler einst den Kunstanspruch der Fotografie abgewiesen.

Auch wenn Richter das strukturelle Gefüge der fotografischen Vorlage präzise auf seine gemalten Bilder übertrug, veränderte er dieses dennoch merklich, sobald er die Bildanlage vergrößerte. Dabei geraten die formalen Bezüge außer Proportion. Eine zweite Entscheidung korrigierte deshalb optisch mögliche Unebenheiten. Der Künstler verwischte die Konturen mit einem weichen Pinsel oder anderen geeigneten Werkzeugen wie Bürste oder Rakel und beseitigte eine Vielzahl störender Ungereimtheiten und Verzerrungen. „Ich verwische, um alles gleich zu machen. Alles gleich wichtig und gleich unwichtig."[16] Es entstand eine beinahe homogene Bildfläche, manchmal mit deutlich erkennbaren horizontalen Wischspuren. Deren fotografische Herkunft bleibt offensichtlich, auch wenn der Künstler die grafisch konstruierte Tiefendimension der Vorlage auslöschte.

Die gemalte Fotografie erfüllt die Forderung der Moderne nach Flächenhaftigkeit und Anti-Illusionismus. Darüber hinaus durchkreuzte Richter die vermeintliche „Natürlichkeit" der fotografischen Wiedergabe, indem er ihre Künstlichkeit betonte. Er hatte erkannt, dass der Bildcharakter einer Fotografie im Zuge der Wahrnehmung weitgehend ignoriert wird, sodass sich der fotografierte Gegenstand gegenüber seiner

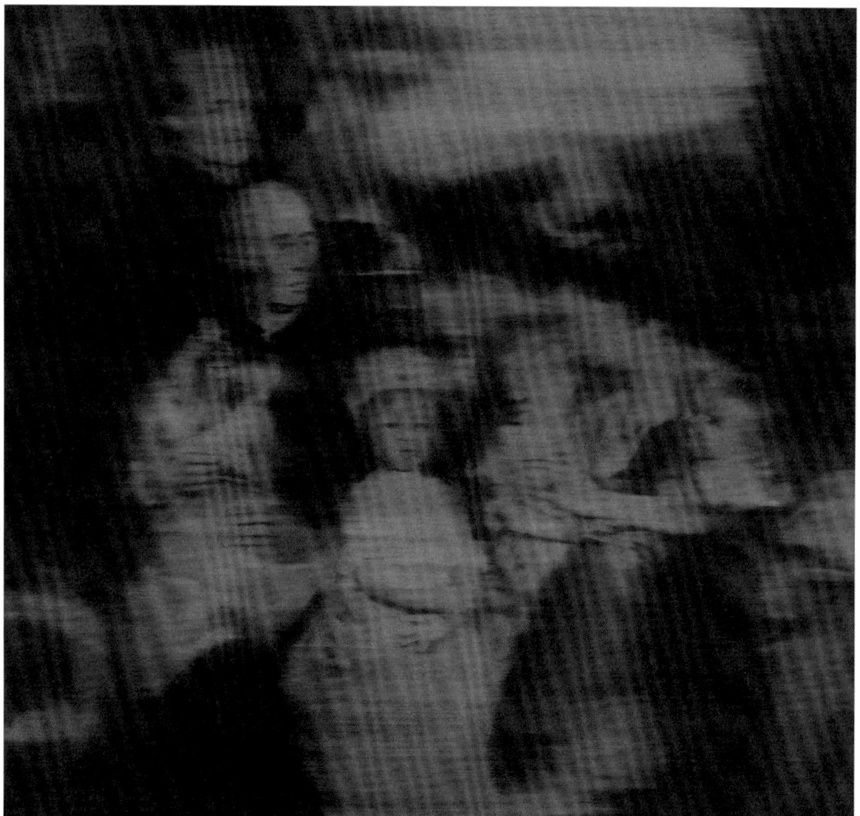

Familie nach Altem Meister, 1965 (CR 26)
Öl auf Leinwand, 147 x 155 cm
München, Museum Brandhorst
(Sammlung Udo und Anette Brandhorst)

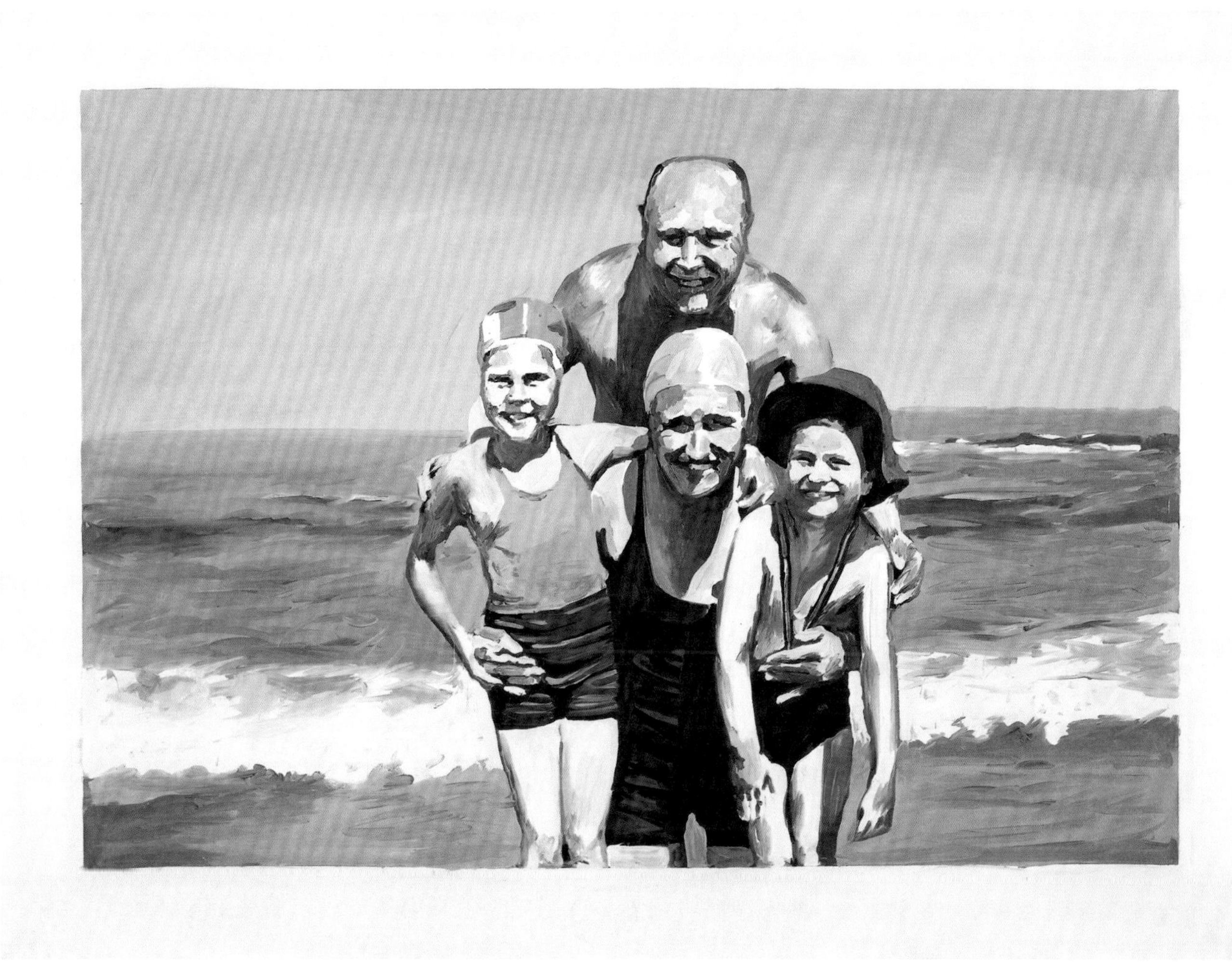

Familie am Meer, 1964 (CR 35)
Öl auf Leinwand, 150 x 200 cm
Duisburg, Museum Küppersmühle für Moderne Kunst (Sammlung Sylvia und Ulrich Ströher)

Abbildung als „Realität" behauptet. Das Bild als Bild fällt unter die Wahrnehmungsschwelle. Das Dargestellte triumphiert in der Fotografie über die Darstellung. Die eigentliche Fotografie von „Onkel Rudi" wird infolgedessen nicht als Bild wahrgenommen, sondern als die Person des Abgebildeten: Das ist Onkel Rudi! – oder: Das ist ein Wehrmachtsoffizier! Es ist, als würde in der fotografischen Darstellung das Bild zugunsten des Dargestellten verschwinden. In dem fotografischen Bild von *Onkel Rudi* (1965) kehrte der Künstler den mittlerweile eingeschliffenen Mechanismus der optischen Wahrnehmung der Fotografie – wie bei allen fotografischen Bildern – um und verhalf somit dem Bild als Bild durch die Verwischung seiner Details zu Beachtung.

Die Konsequenzen der Umkehrung reichen über den bloßen Hinweis auf den Eigencharakter des Bildes hinaus. Richter sabotierte auch den flüchtigen Blick, mit dem Bilder in der Moderne gewöhnlich gesehen werden (müssen), und stachelte durch seine Eingriffe die Aufmerksamkeit der Betrachter an. Fast beiläufig, aber äußerst suggestiv verlockt er sie, einen zweiten, einen dritten Blick zu riskieren und den Schritt vom Sehen zum Erkennen zu vollziehen. Durch Unschärfe, das unmittelbare Resultat des Verwischens, weckt er die Neugierde und aktiviert die visuelle Wahrnehmung. Die Verwischungen versetzen die Bilder zudem in scheinbare Bewegung. Die Willkür, die jeder fotografische Ausschnitt des Sichtbaren darstellt, akzentuierte Richter, indem er seinen „Inhalt" durch die Dynamik des Malaktes imaginär

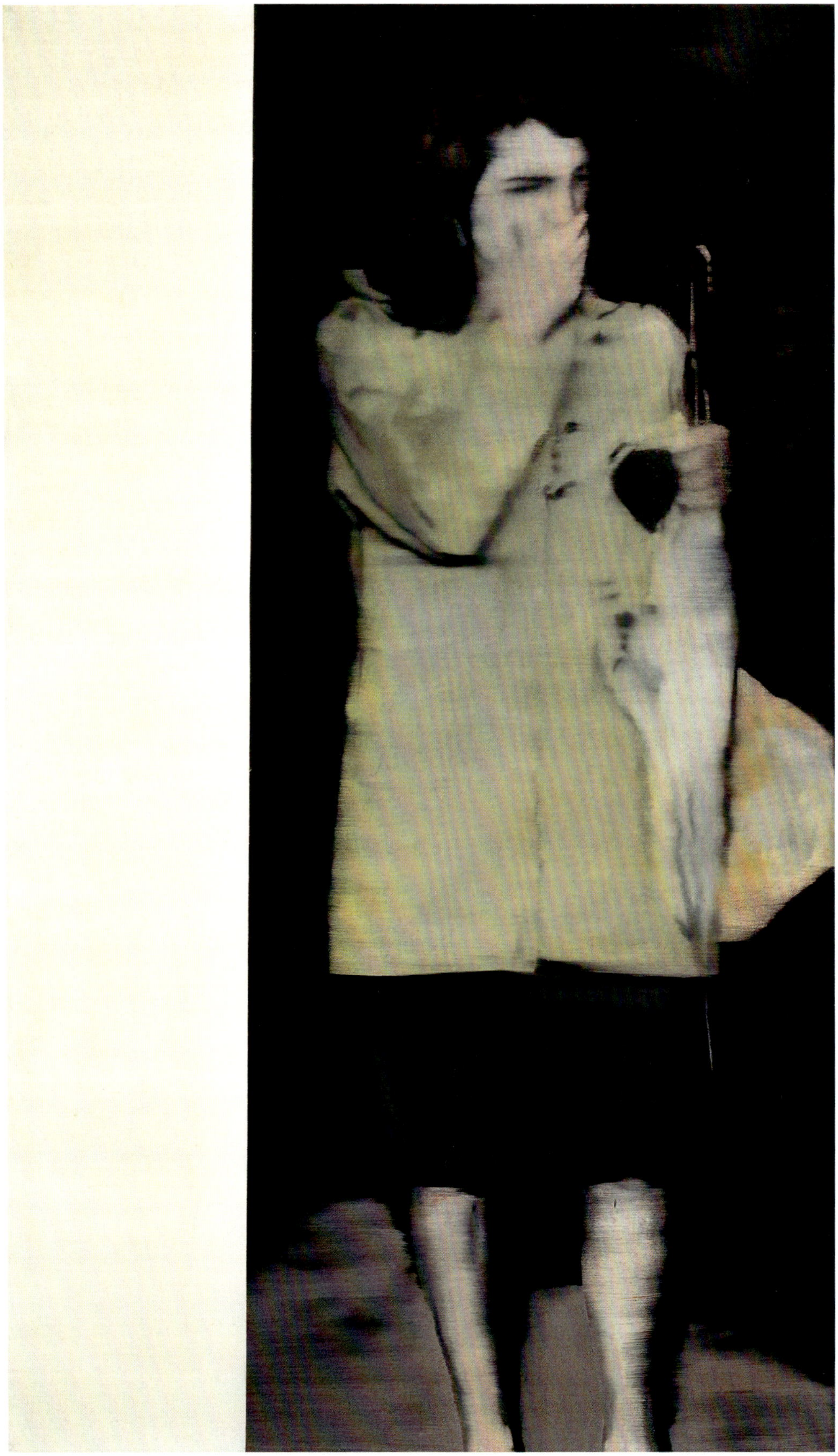

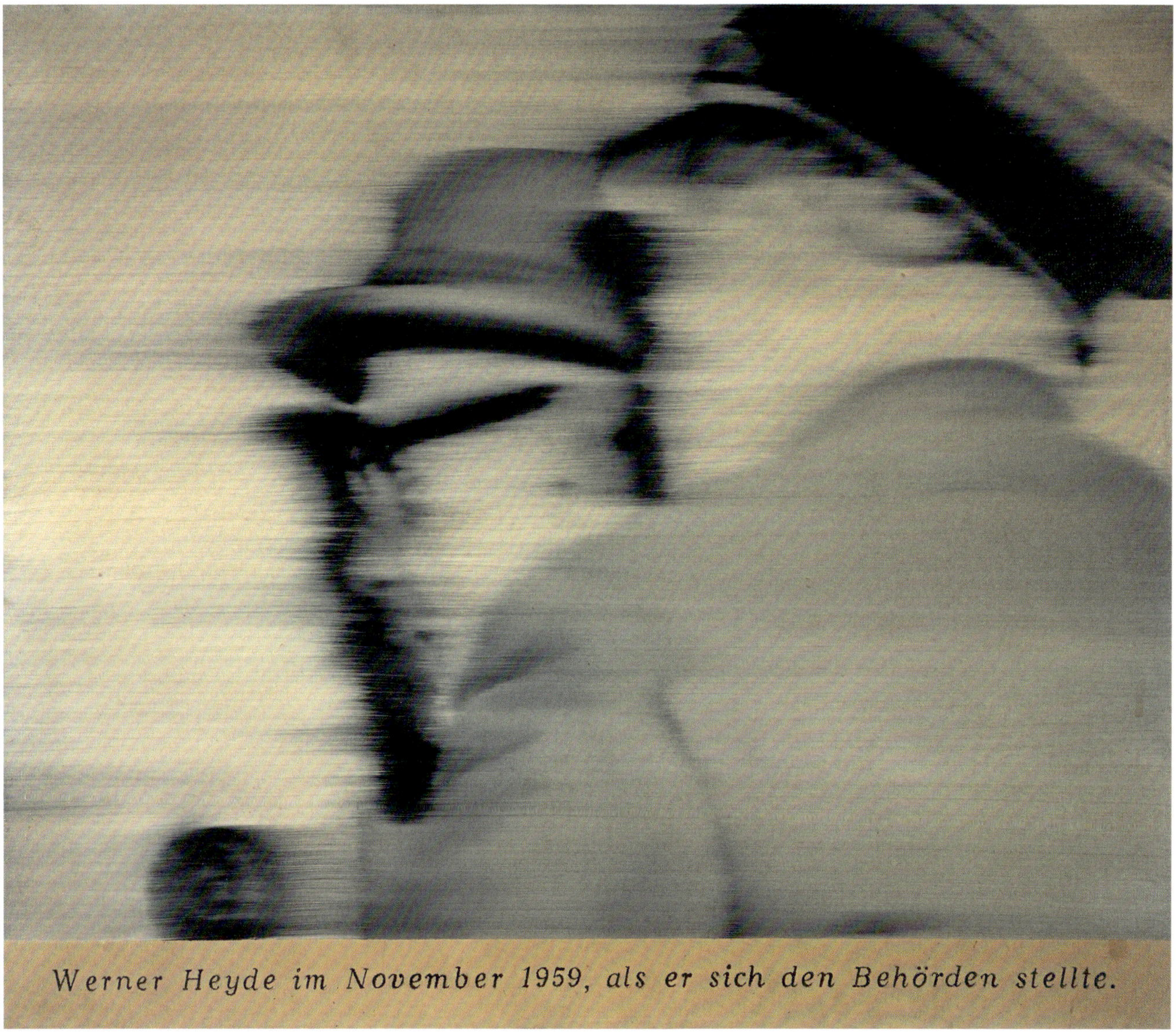

über die Bildgrenzen schießen lässt. Hinter dem Wehrmachtsoffizier „Onkel Rudi" verschwimmen die festen Gefüge des Hauses samt der Mauer davor. Außerdem zwingen die fotografischen Bilder die Betrachter, sich zu bewegen. Sie animieren sie zu einem Vor und Zurück, vorausgesetzt, sie wollen die Gegenstände der Bilder fixieren und erkennen. Bild und Betrachter verhalten sich nicht statisch. Beide lösen sich während der Betrachtung aus den Fesseln der zentralperspektivischen Ordnung des traditionellen Bildes.

Während die Fotografie das, was sie optisch festhält, in dem Augenblick des Auslösens der Kamera unwiderruflich in die Vergangenheit schickt, behält das gemalte fotografische Bild als Produkt eines malerischen Aktes seine Gegenwärtigkeit. „Denn das gemalte Bild, auch wenn es gänzlich illusionistisch ist, behält immer eine Realität als handgemachtes und traditionell als Gemälde definiertes Bild (= Malerei). Dagegen verliert das Foto die eigene Wirklichkeit umso mehr, je genauer es die andere zeigt, und so gesehen ist die einzige ‚Wirklichkeit' des Fotos die eigene Unwirklichkeit, ist das Nicht-da-Sein des Fotos seine eigentliche Qualität."[17] Diese Einsicht in die scheinbare Nicht-Existenz des fotografischen Bildes hat neben anderen Faktoren Richters

Herr Heyde, 1965 (CR 100)
Öl auf Leinwand, 55 x 65 cm
Privatsammlung

Frau mit Schirm, 1964 (CR 29)
Öl auf Leinwand, 160 x 95 cm
Zürich, Daros Collection

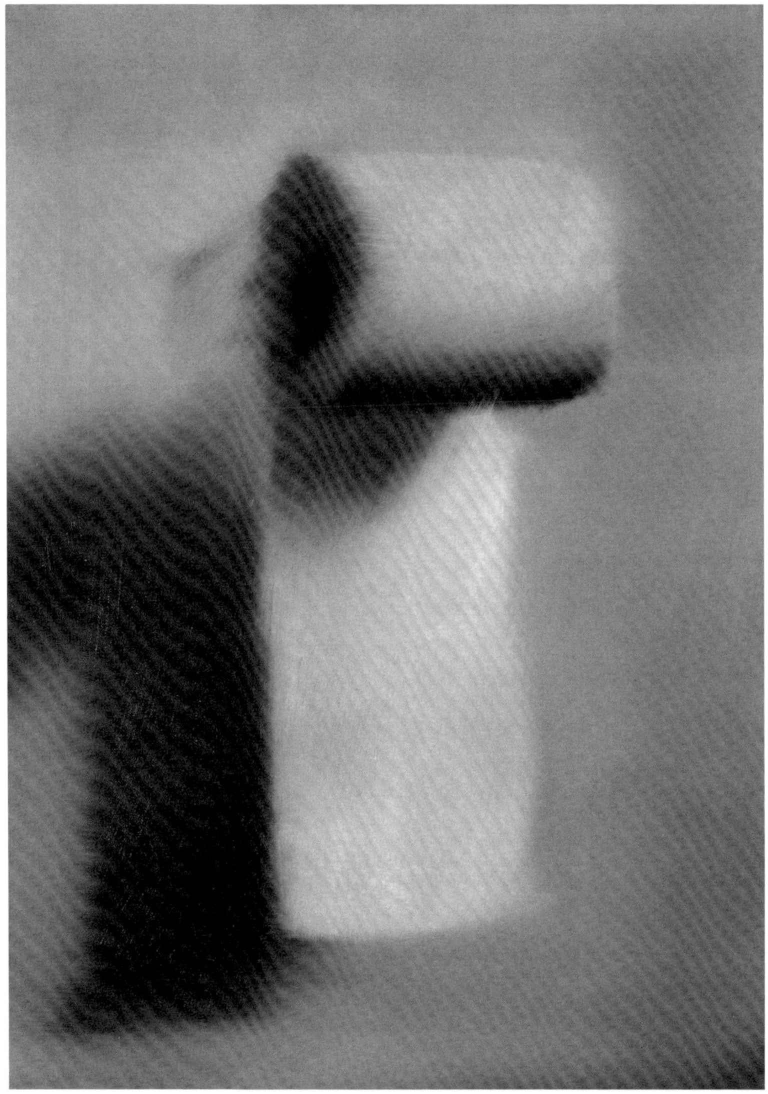

Klorolle, 1965 (CR 75-1)
Öl auf Leinwand, 55 x 40 cm
New York, Privatsammlung

Entschluss befördert, fotografische Bilder zu malen. Die Vorlagen seiner fotografischen Bilder nahm er aus Zeitungen, Zeitschriften, Kalenderblättern und Fotoalben; samt und sonders Bilder ohne künstlerische Ambition. Banale Bilder. Ein paar Bildvorlagen sind auch eigene Fotografien. Zunächst teilen sich die fotografischen Partien das Bild mit malerischen Passagen. Fragmente von Wörtern aus den Zeitungsvorlagen dringen in die Bildfläche vor. Das erste Bild überhaupt, das sein Werkverzeichnis aufführt, mit dem Titel *Tisch* (1962) verrät Richters Zwiespalt. Im Zentrum des Bildes breitet sich ein spontan hingehauener grauer Farbwirbel aus, der das Bildthema, einen Tisch, nahezu auslöscht. Zwischen Farbwirbel und fotografischem Fond klafft im visuellen Eindruck eine räumliche Diskrepanz auf.

Dieser Anfang wirkt eher wie ein Schlusspunkt. Wie die Bilder *Sargträger* (1962) und *Hirsch* (1963) kennzeichnet *Tisch* einen noch ungelösten Konflikt zwischen Malerei und Fotografie. Kurz darauf verbinden diese sich nahtlos. Richters Bildmotive sind banal, aber nicht unwichtig. Der Künstler weist auf Hannah Arendts bekannte Verwendung des Begriffs hin, der von der „Banalität des Bösen" handelt. In der Kunstsphäre provozierten die Bilder umso mehr, als sie aufgrund ihres fotografischen Ursprungs und der scheinbaren Trivialität ihrer Motive als nicht bildwürdig

Flämische Krone, 1965 (CR 77)
Öl auf Leinwand, 90 x 110 cm
Deutschland, Privatsammlung

betrachtet wurden. Obwohl die Auswahl der Motive wie zufällig anmutet, ist sie es nicht. Dafür spricht, dass der Künstler sie durchweg in Serien abmalte: Flugzeuge und Autos (1963/64), Landschaften aus Reiseprospekten (1964) und Urlaubsbilder wie *Familie am Meer* (1964) oder die Utensilien des täglichen Gebrauchs, *Küchenstuhl* und *Klorolle*. *Flämische Krone* (1965), ein Leuchter in Untersicht, mutiert zum Unheilsboten – wie bei Alfred Hitchcock. Nicht alle Bilder sind im gewohnten Spektrum der Fotografie zwischen Schwarz und Weiß gehalten. Gelb- und Grüntöne schleichen sich ein. Häufig nisten in den benutzten fotografischen Bildern verborgene Sehnsüchte und Ängste, Verdrängtes und Verachtetes. Unpolitische Gefühle zwar, in der Summe aber durchaus politisch. Ohne Chance, von den Geschichtsbüchern berücksichtigt zu werden, handelt es sich um signifikante Reflexe kollektiver Verdrängungen.

In vielen Bildern klingt eine offene oder versteckte Beziehung zum Tod an: unvermittelt die verhüllte Leiche in *Tote* (1963), indirekter der Sarg in *Sargträger* und mit leicht ironisch-sarkastischem Unterton, bedrohlich die Stukas und Mustangs im tödlichen Angriff, ambivalent der Soldat, der zum Töten ausgebildet wird, traurig die Witwe des ermordeten US-Präsidenten John F. Kennedy in *Frau mit Schirm* (1964) – nicht zu vergessen *Herr Heyde*, der NS-Arzt bei der Festnahme, der das mörderische

Helga Matura mit Verlobtem, 1966 (CR 125)
Öl auf Leinwand, 200 x 100 cm
Düsseldorf, Museum Kunstpalast

SEITE 26/27
Acht Lernschwestern, 1966 (CR 130)
Öl auf Leinwand, 8-teilig, je Bild: 95 x 70 cm
Zürich, Sammlung Crex

Euthanasieprogramm der Nazis befehligte, und Richters *Tante Marianne* mit ihm als Kind (1965), ein Opfer dieser Mordpolitik. In den Sujets dieser Bilder kommt das fotografische Medium gleich doppelt zu sich selbst, und Richter versteht es, dessen Wesen beispielhafter zu erfassen als jede Theorie.

Die Fotografie war bis in die 1960er-Jahre ein künstlerisch unbelastetes Medium, das ihn nicht gleich wieder ins Fahrwasser der vertrauten Formen von Malerei manövrierte. Sie lieferte die Grundlage für eine Malerei frei von historisch aufgehäuftem, formalem Ballast wie stilistische Vorgaben und konventionelle Regeln. Obendrein vermittelte die Fotografie, ohne dass der Künstler es bewusst pointierte, seinen Bildern jenen melancholischen Sound, der sein ganzes künstlerisches Werk unterfängt. Gefühle von Verlust, von Vergeblichkeit, von Trauer, vom Scheitern prägen sie. Doch die Fotografie gab ihm auch die Möglichkeit, trotz allem an der Malerei festzuhalten. „Weitermalen" wird zu Richters unerbittlicher Devise angesichts des Bocksgesangs der Antiform-Künstler, Malerei sei eine künstlerische Ausdrucksform, die sich historisch erledigt habe.

Sein Bedürfnis nach geistigem Austausch brachte ihn dennoch unwiderstehlich in deren Nähe. Seit Konrad Lueg unter seinem richtigen Namen Konrad Fischer in Düsseldorf eine handtuchgroße Galerie eröffnet hatte, die bevorzugt Künstler der Minimal und der Conceptual Art zu ihrer Equipe zählte, intensivierten sich Richters Kontakte zu den maßgebenden Künstlern dieser Richtungen. Im „Ohme Jupp", Fischers Stammkneipe, wo sich die Künstler der Galerie gern trafen, sah man ihn öfter im Kreis von Carl Andre und Sol LeWitt, Daniel Buren und Jan Dibbets, Robert Smithson, Lawrence Weiner, von Bernd und Hilla Becher sowie Hanne Darboven.

Verwaltungsgebäude, 1964 (CR 39)
Öl auf Leinwand, 98 x 150 cm
San Francisco Museum of Modern Art
(Dauerleihgabe der Doris and Donald Fisher Collection, San Francisco)

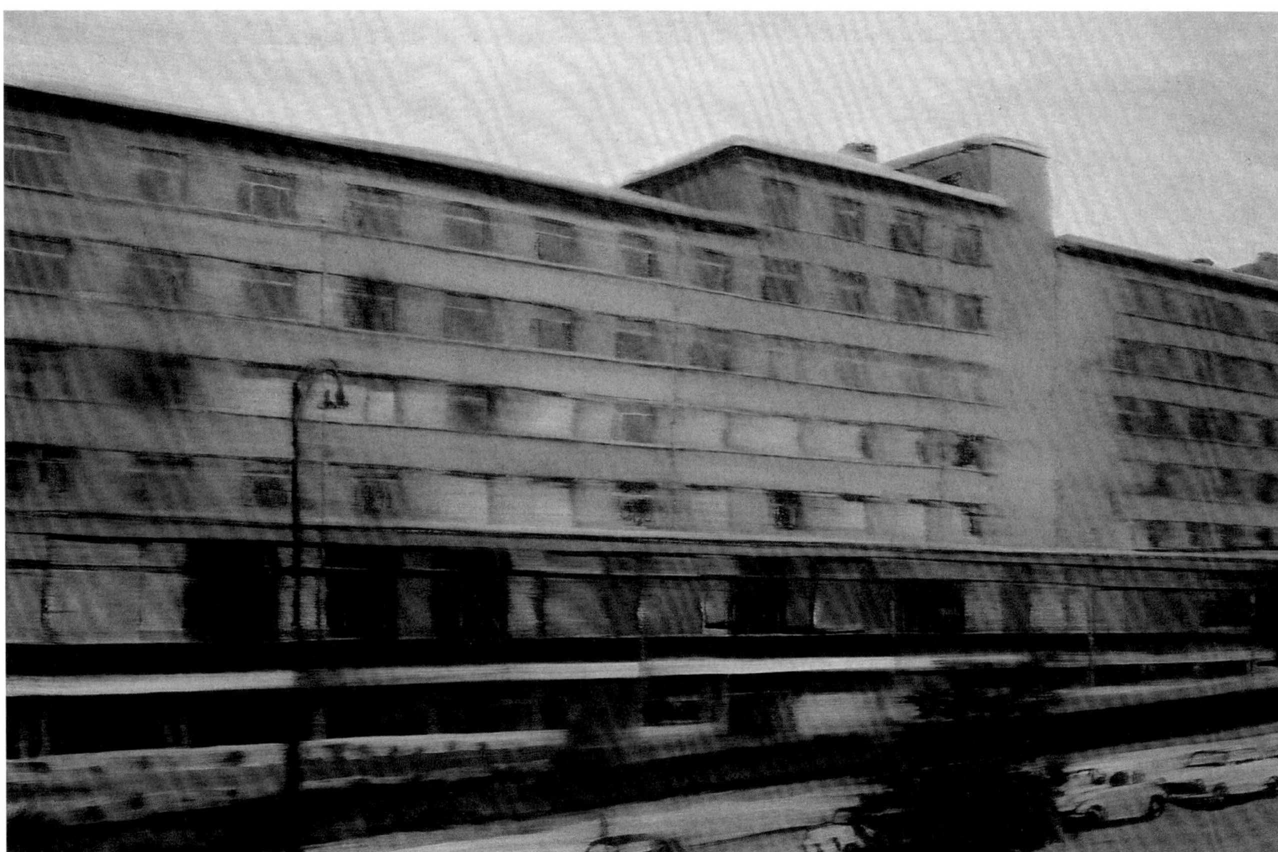

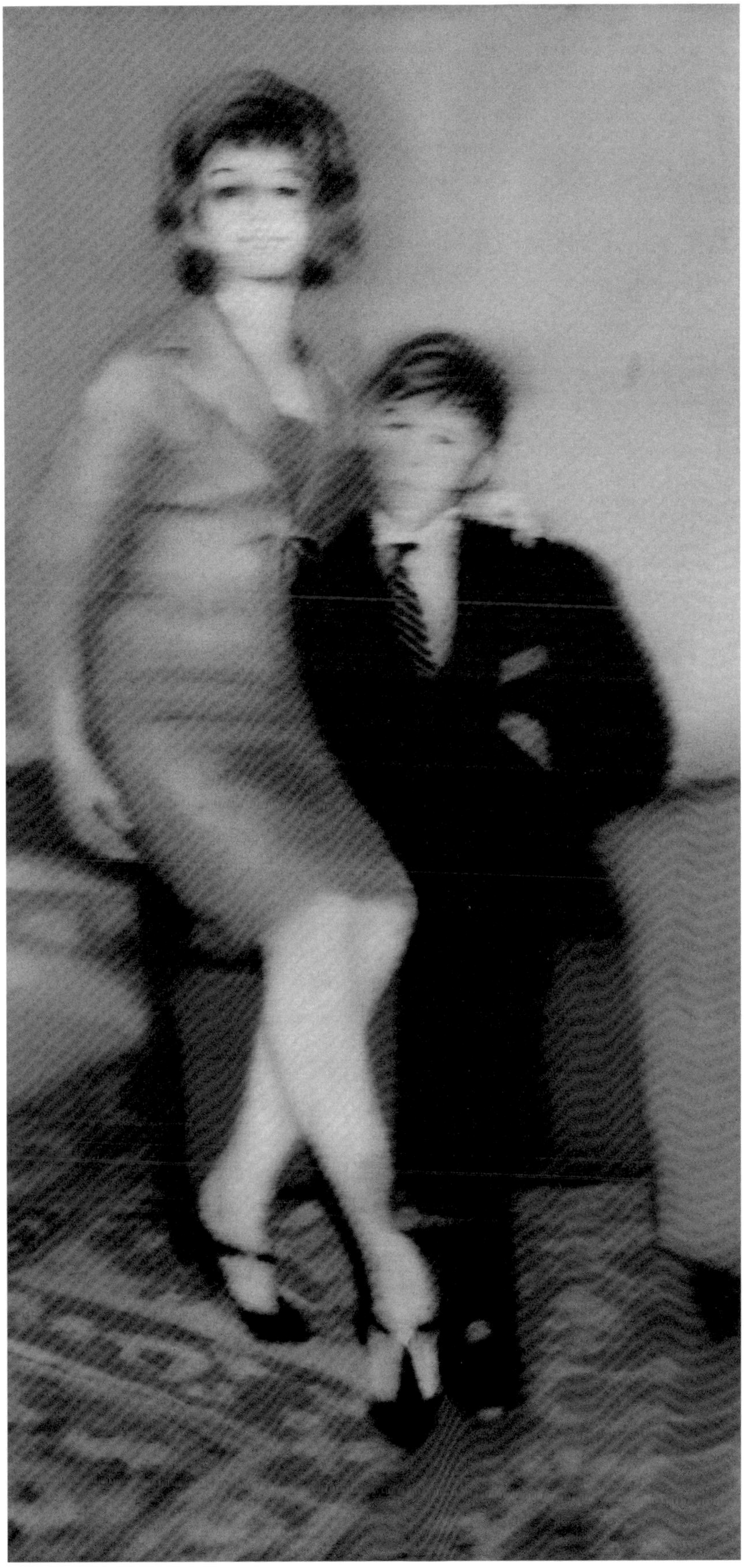

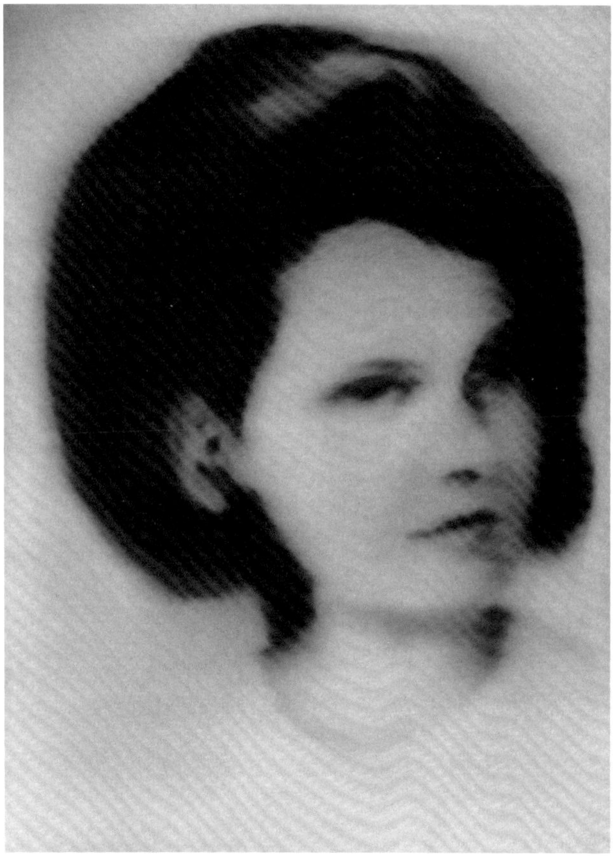
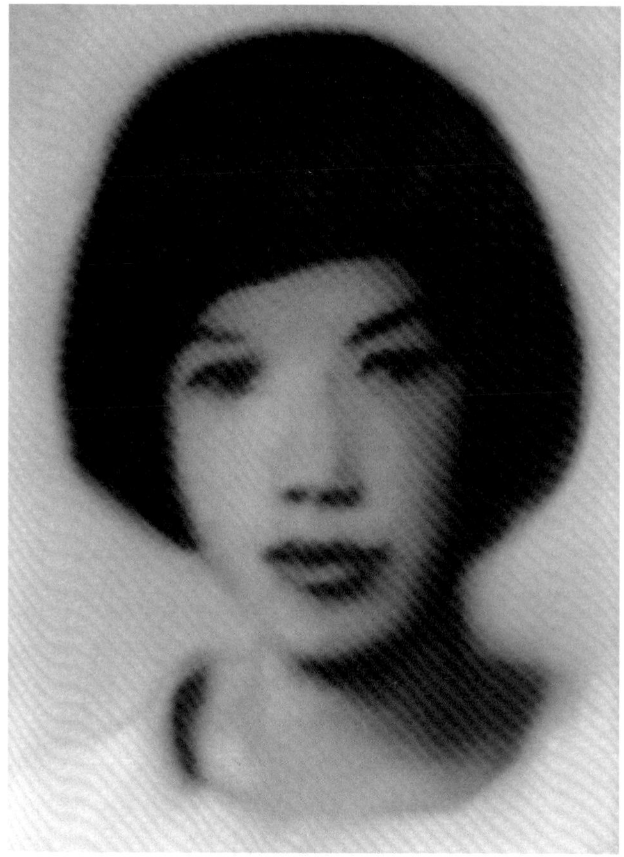
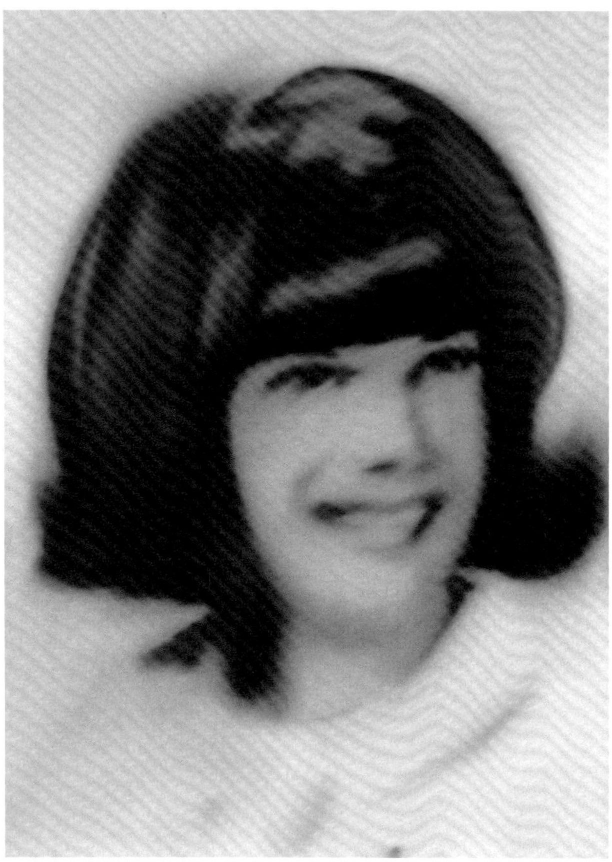
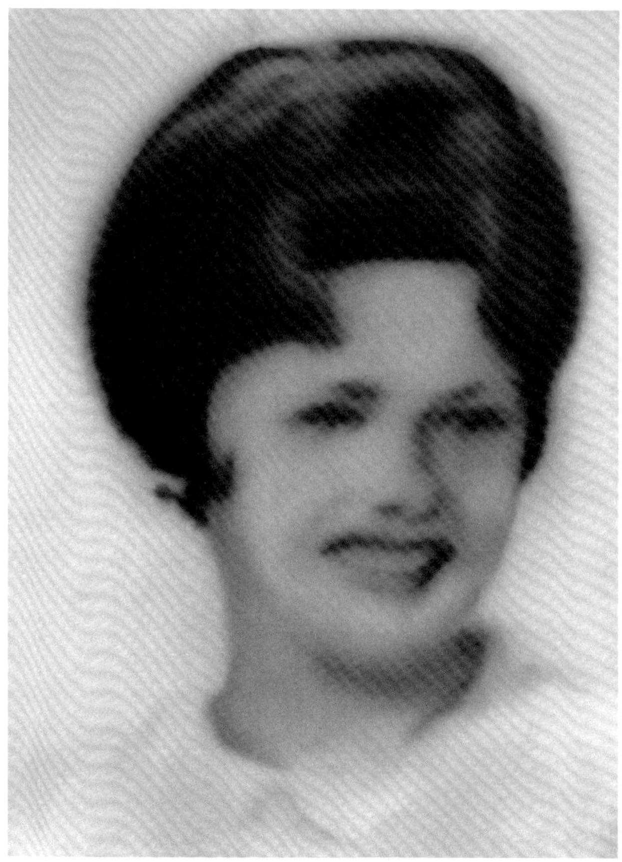

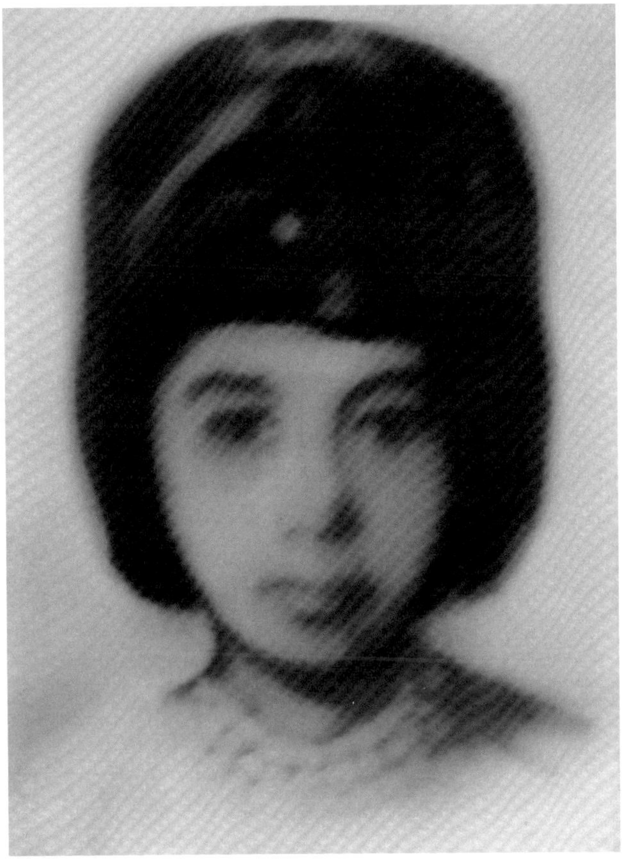
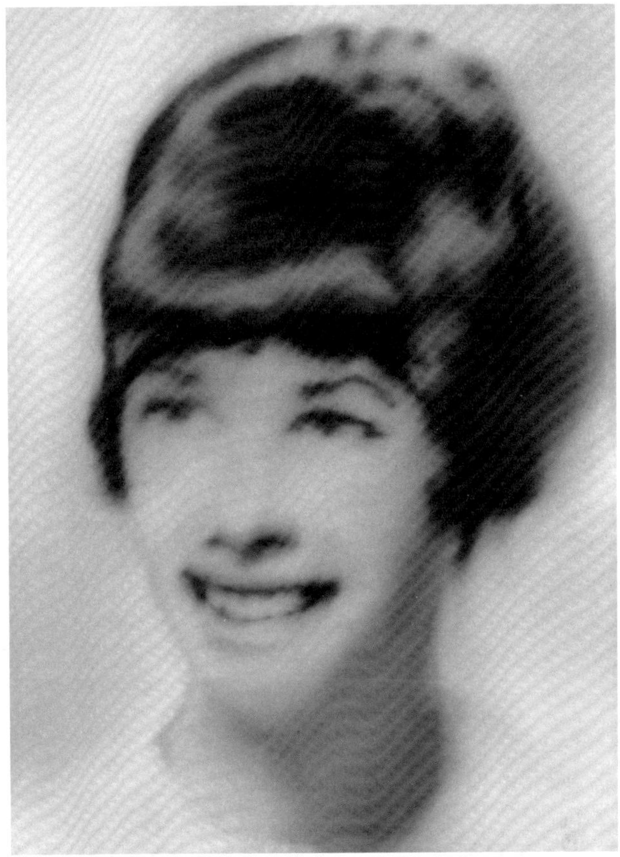
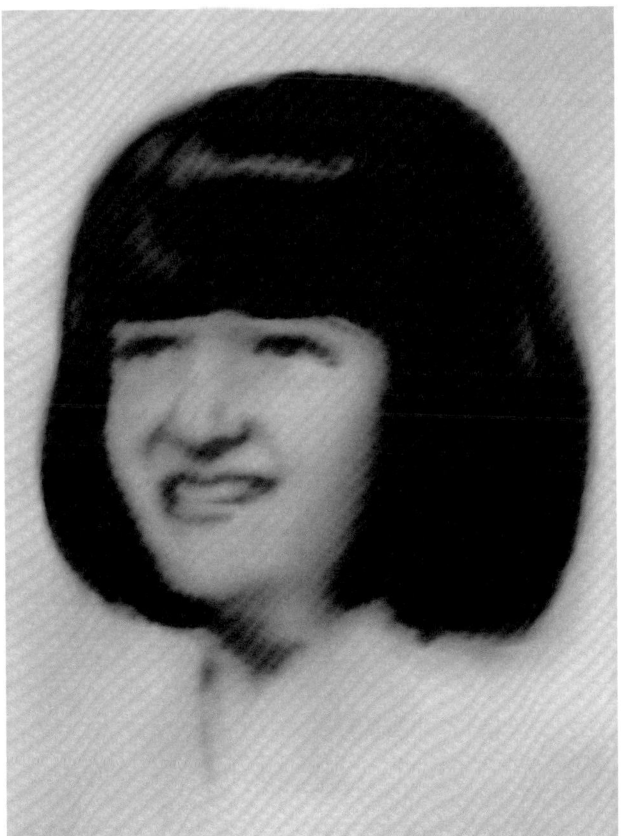
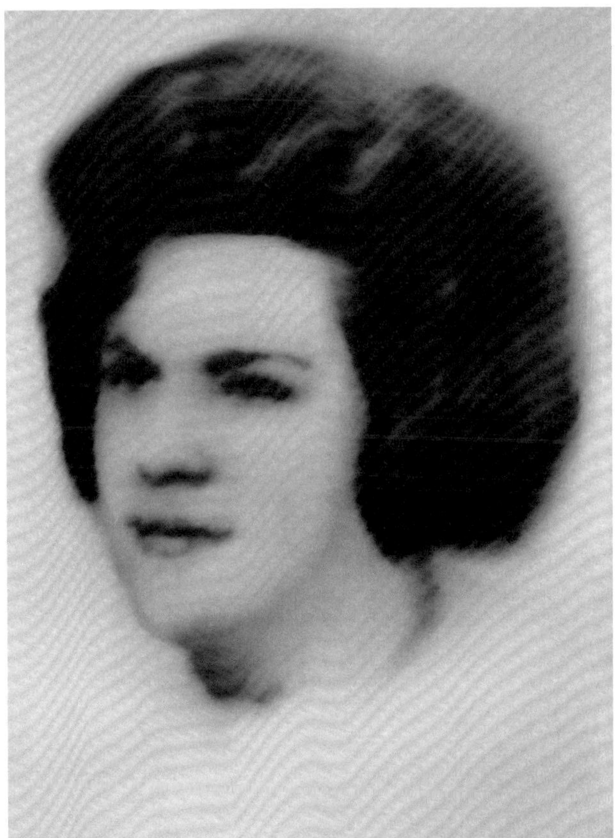

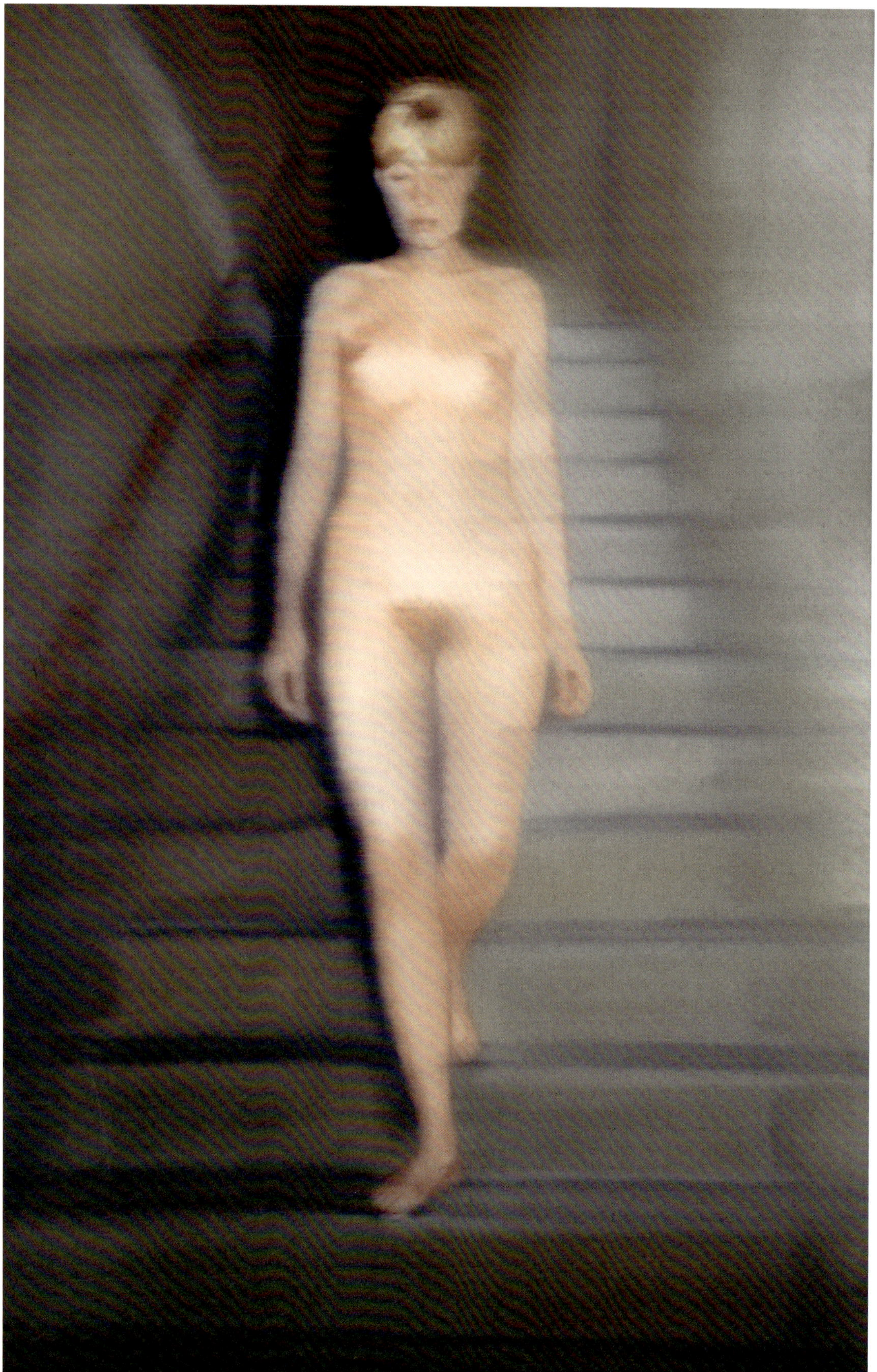

„So unmodern war es. Modern war Glas, Metall und Pop.“[18]

Richter hat nie bestritten, dass sein Bild *Ema (Akt auf einer Treppe)* (1966) auf Marcel Duchamps berühmtes futuristisches Gemälde *Akt, eine Treppe herabsteigend Nr.* 2 (1912) anspielt. „Ich kannte Duchamp, und es gab sicher eine Beeinflussung. Es war vielleicht auch eine unbewusste Antihaltung.“[19] Richter zählt nicht zu den Künstlern, die eine bestimmte Idee oder ein vorgefasstes Konzept verfolgen. In einem Gespräch mit seiner und Emas Tochter Babette unterstreicht er, nicht einmal der fotografischen Vorlage sei eine spezielle Absicht vorausgegangen, geschweige denn dem Bild. „Dass ich [...] damals Deine Mutter auf der Treppe fotografierte, war genauso wenig geplant und überlegt, wie das Malen des Bildes.“[20]

Die Ähnlichkeiten frappieren nichtsdestoweniger. Akte, die eine Treppe herabsteigen, sind selten in der Malerei. (Richter hatte bereits eine *Frau, eine Treppe herabgehend*“ (1965) nach einer Zeitungsfotografie gemalt, freilich im Abendkleid). Vielleicht erhellt der nächste Satz in dem Gespräch die unbewussten Vorgänge seines künstlerischen Denkens: „Und das war dann auch so, dass ich mich kaum getraut habe, das jemandem zu zeigen. So unmodern war es. Modern war Glas, Metall und Pop.“[21] Für eine ironische Pointe sorgte Peter Ludwig zwei Jahre nach der Vollendung des Bildes, als er es für seine Sammlung erwarb. Kurz nachdem er die Pop Art für sich entdeckt hatte.[22] Richters fotografische Bilder firmierten seinerzeit in der europäischen Kunstszene, wenn auch aus einer gewissen Ratlosigkeit, unter dem Etikett einer deutschen Version der Pop Art.

Duchamp war in den Jahren, als Richter *Ema* malte, zur Galionsfigur des fortan einflussreichsten Zweigs zeitgenössischer Kunst aufgestiegen. Seine anti-künstlerischen Ready-mades, Gebrauchsgegenstände wie Urinoir, Flaschentrockner oder Velorad, haben die Haltung der Antiform inspiriert. Besonders ihre konzeptuellen Varianten, als deren Fetische sie fungierten. Sie ersetzten das Machen in der Kunst durch Denken. Mit seinem kubofuturistischen Akt hatte Duchamp seine handwerklich-künstlerische Arbeit abgeschlossen.

Im Vergleich beider Bilder ist das jüngere nicht nur das technisch versiertere, sondern auch das komplexere. Im Gegensatz zur Profilsicht des Gemäldes von Duchamp tritt der Akt in Richters Bild en face vor die Betrachter. Seine körperliche Integrität ist zudem gewahrt. Das Herabsteigen vollzieht sich gemessenen Schritts, visuell unterstützt durch subtile Verwischung. Dagegen hat der französische Künstler den Körper nach dem Vorbild der Bewegungsfotografien von Eadweard Muybridge und Étienne-Jules Marey zerstückelt und den Ablauf der Bewegung in Phasen

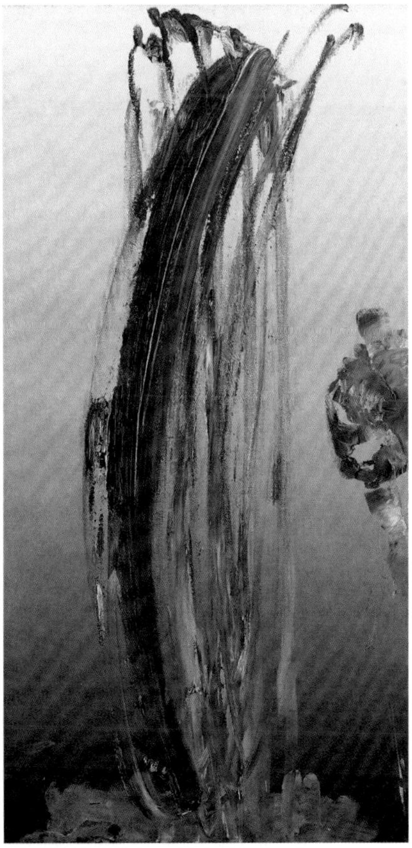

Ohne Titel, 1968 (CR 194-7)
Öl auf Leinwand, 80 x 40 cm
Hamburger Kunsthalle

Ema (Akt auf einer Treppe), 1966 (CR 134)
Öl auf Leinwand, 200 x 130 cm
Köln, Museum Ludwig

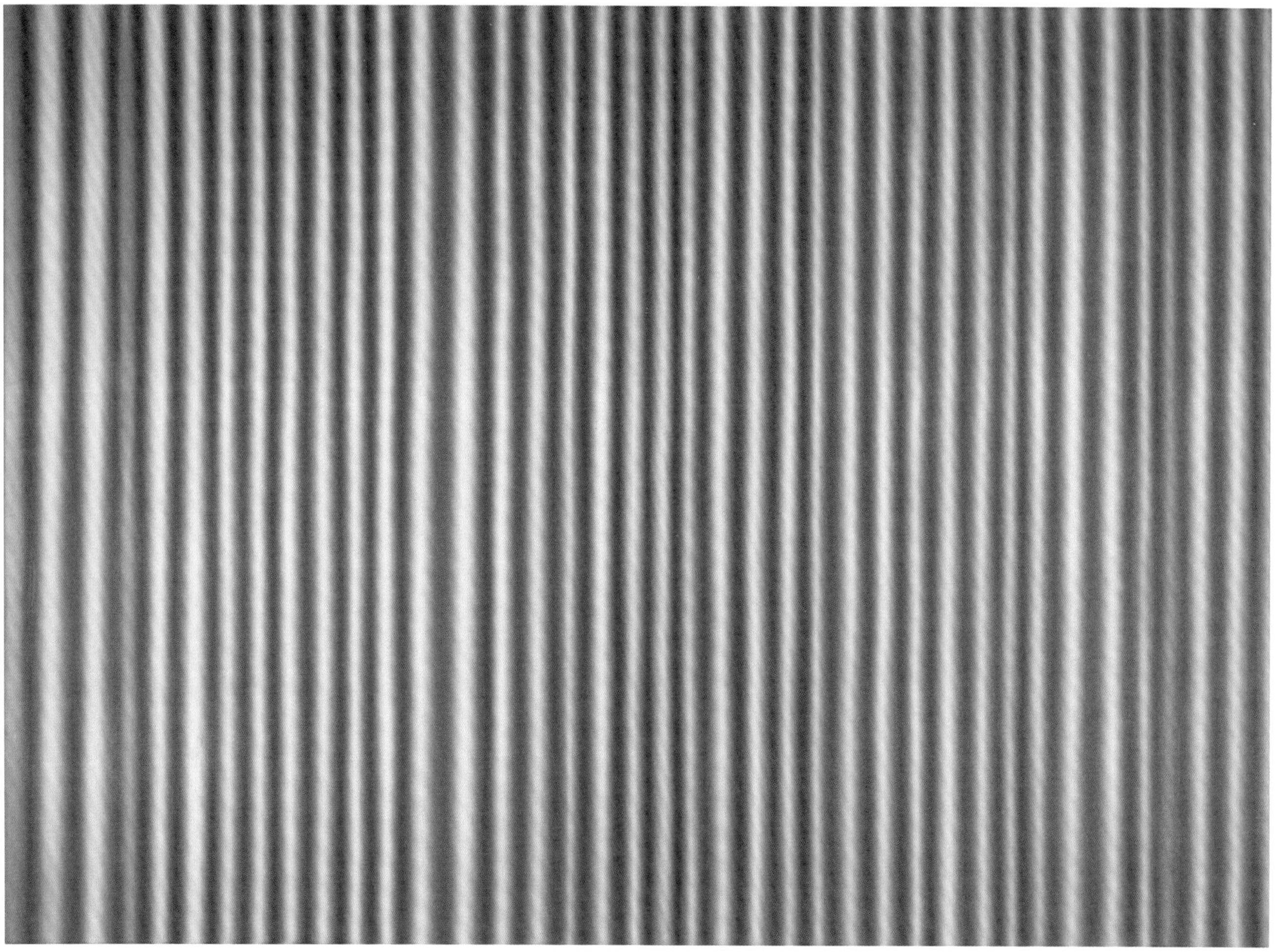

Großer Vorhang, 1967 (CR 163-1)
Öl auf Leinwand, 200 x 280 cm
Frankfurt am Main, Städelsches Kunstinstitut und Städtische Galerie

192 Farben, 1966 (CR 136)
Öl auf Leinwand, 200 x 150 cm
Hamburger Kunsthalle

illustriert. Duchamps Farbkontraste sind greller, deren Auftrag stumpfer, das Gemälde gewaltsamer, der Akt anonymer. Bei *Ema* strahlt der Akt eine emotionale Distanz aus. Je länger man schaut, desto flüchtiger wird er. Fern und nah zugleich. Der flächige Raum pulsiert. Seine Konstanz löst sich auf. Die feine Spannung zwischen Körper- und Hintergrundfarbe verwandelt den Körper in eine quasi zeitlose Erscheinung. Das Bild verleugnet seine fotografische Herkunft nicht.

Auch wenn Richter mit diesem Bild keine bewusste Kampfansage an die Ideenmalerei der Moderne formuliert hat, ist die Unterstellung, dies habe ihm unbewusst vorgeschwebt, nicht von der Hand zu weisen. Zwar ist die Kampfansage nicht auf Duchamps Vorstellungen gemünzt – dessen Entmystifizierung des Künstlernimbus teilte Richter –, sondern lediglich auf den strikten Ausschluss der Hand im künstlerischen Prozess, auf die ideologische Komponente. „… ich konnte nicht akzeptieren, dass damit eine bestimmte Art zu malen erledigt war.“[23]

Duchamps Gemälde ist eines der zahllosen Bilder, die sich in ihm angesammelt haben, selbst wenn sie nicht immer abrufbar sind. „Auge und Hand des Malers (und nicht sein Gedächtnis) sind voller Bilder, die […] gleichsam einen ‚Schatz‘ bilden, gebildet aus allem, was in der Geschichte der Malerei errungen wurde, ein Reservoir an von der Tradition akkumulierten Ideen und Formen.“[24] Richter bestätigt. „Man hat eh die halbe Kunstgeschichte im Kopf …“[25] Seine Scheu, das Bild jemandem zu

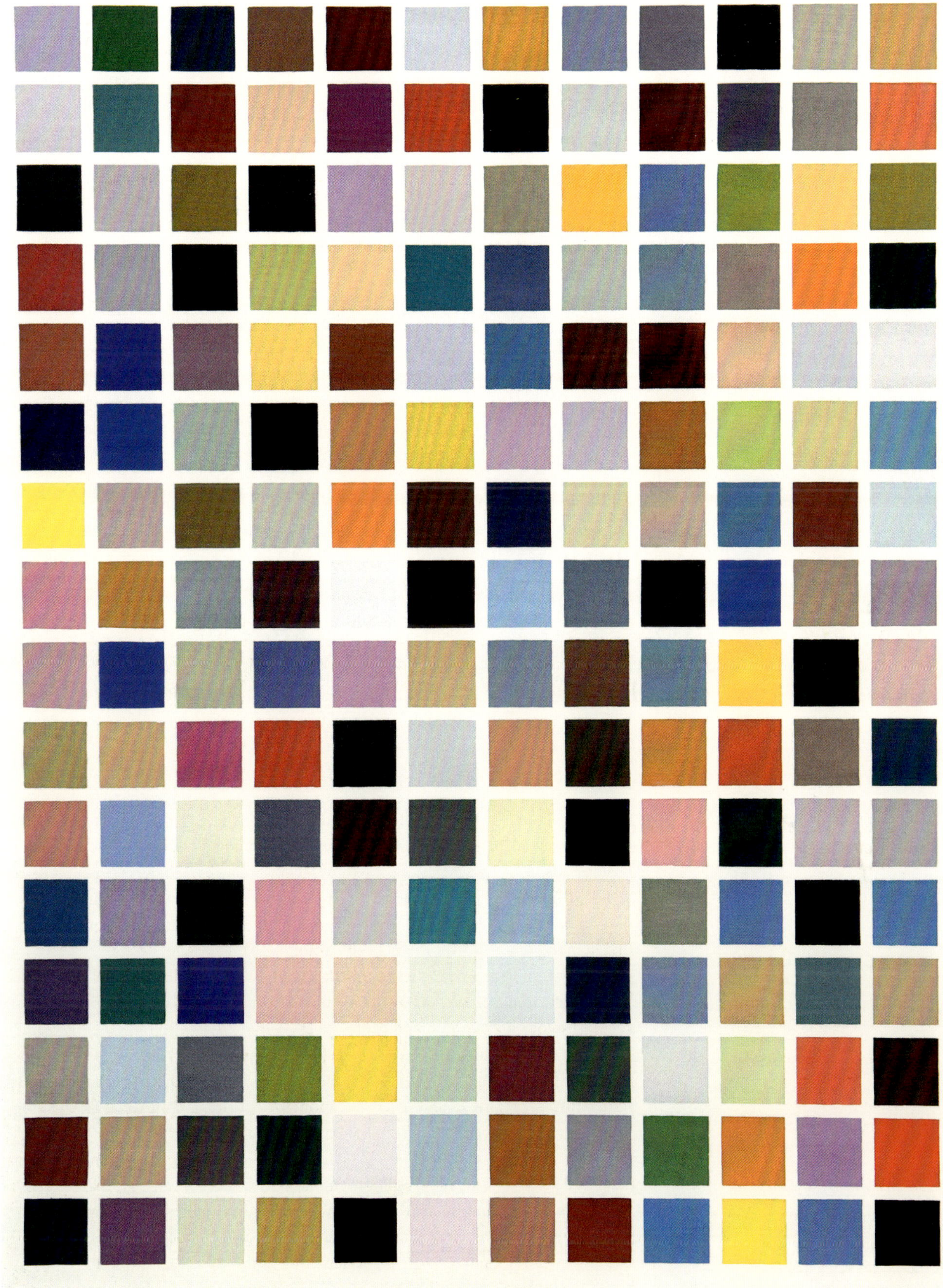

zeigen, macht deutlich, dass er es als eine künstlerische Herausforderung einschätzte, als sich die Kunst von sämtlichen künstlerischen Traditionen lossagte.

In der Tat segelt *Ema* auf Gegenkurs. Die Malerei ist geschmeidig, die farblichen Nuancen delikat, die Darstellung elegant, das Verhältnis zwischen Raum und Figur dynamisch. Das Bild hat auch nach einem halben Jahrhundert nichts von seiner Kraft eingebüßt. Anders als Duchamps *Akt*. Er setzte Patina an und sieht antiquiert aus. *Ema* bezeugt exemplarisch Richters spezielle Auffassung von Subversion. Sie äußerte sich nicht als politische Erklärung, „sondern mit ‚subversiv' meinte er tatsächlich seinen inneren Widerstand gegen die Krise der Kunst sowie gegen eine ideologische Bevormundung, die ihm das Malen verübeln wollte"[26], schreibt Jürgen Harten. Die Krise der Kunst ist eine Krise der Repräsentation. Die zweite seit Aufbruch der Avantgarde in der zweiten Hälfte des 19. Jahrhunderts.

Bei Richter bekundete sie sich im raschen Wechsel der Darstellungsformen. Mitte der 1960er-Jahre nahm seine Unsicherheit zu. Die Liga der Anti-Malerei fasste allmählich im Ausstellungswesen Fuß. Die Kunstkritik sekundierte. „Ideen allein können Kunstwerke sein", proklamierte Sol LeWitt in seinen „Paragraphs on Conceptual Art".[27] Ihre materielle Ausführung sei nicht notwendig. Für Joseph Kosuth ist die Malerei lediglich ein A-priori-Konzept künstlerischer Möglichkeiten.[28]

Weitermalen? Trotz allem? Eine legendär gewordene Notiz summiert Richters Gedanken: „Ich verfolge keine Absichten, kein System, keine Richtung. Ich habe kein Programm, keinen Stil, kein Anliegen [...]. Ich fliehe jede Festlegung, ich weiß nicht, was ich will, ich bin inkonsequent, gleichgültig, passiv; ich mag das Unbestimmte und Uferlose und die fortwährende Unsicherheit."[29] Betonte

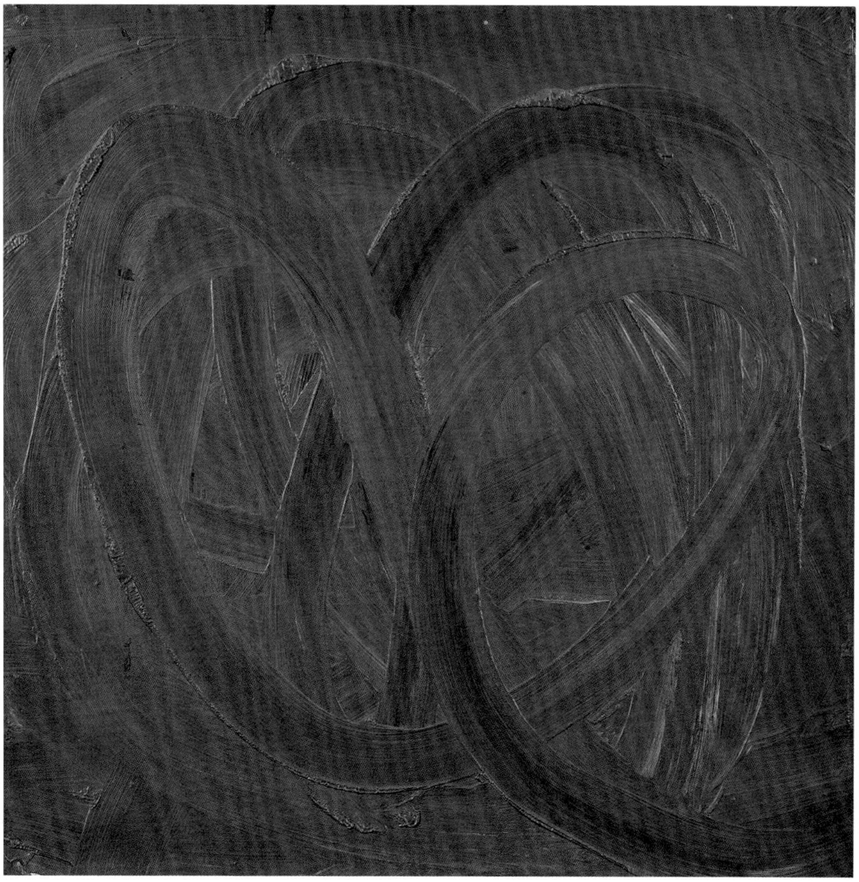

Ohne Titel (grau), 1968 (CR 194-6)
Öl auf Leinwand, 50 x 50 cm
Schweiz, Privatsammlung

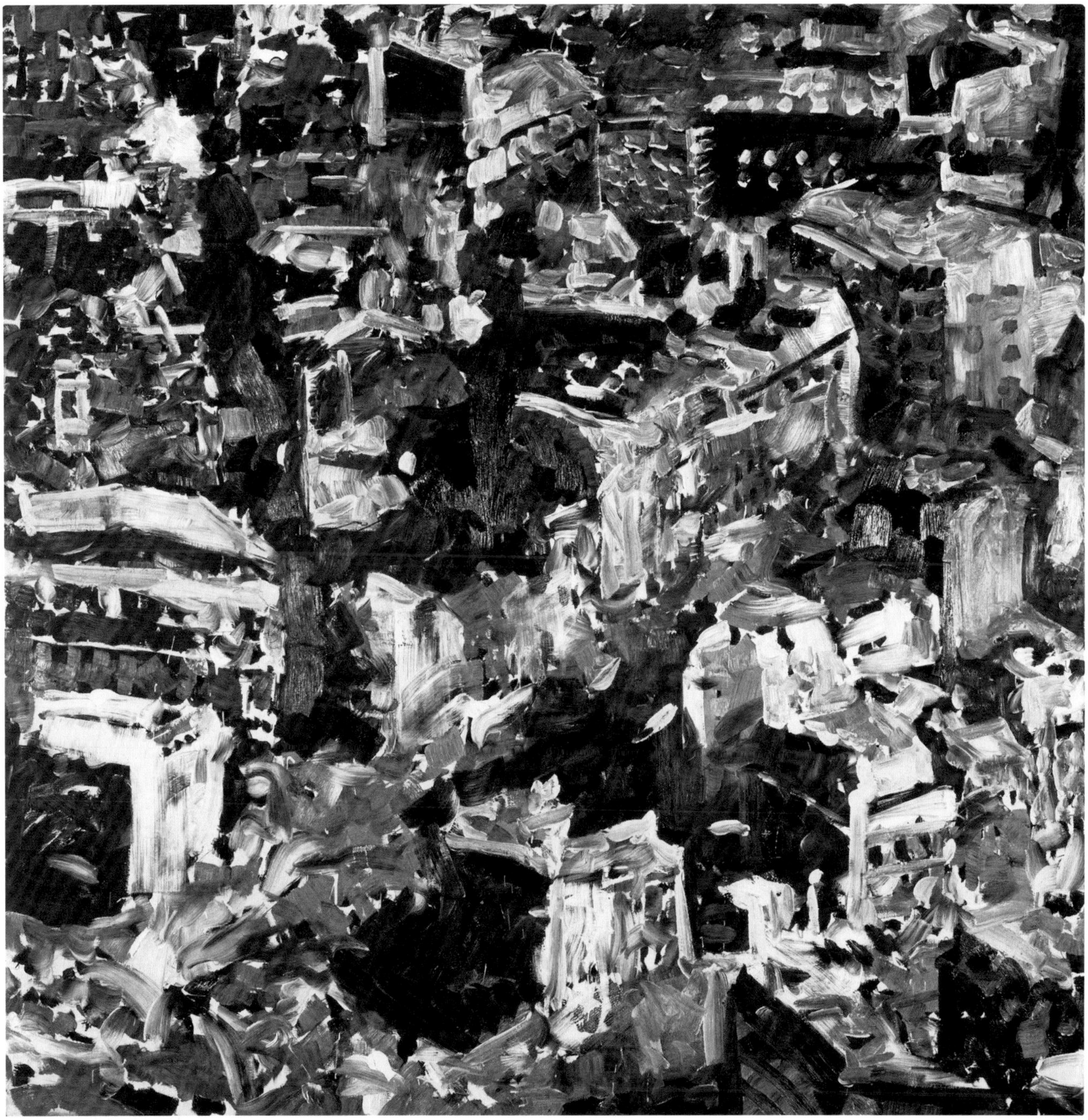

Stadtbild Paris, 1968 (CR 175)
Öl auf Leinwand, 200 x 200 cm
Stuttgart, Sammlung Froehlich

Diskontinuität kennzeichnete seine künstlerische Praxis in den nächsten Jahren. Sein Verhältnis zur Kunst und zur Realität sowie zu deren spezifischen Beziehungen unterlag gewaltigen Schwankungen.

Währenddessen erfasste das private Galeriensystem eine neue Gründungswelle. Ästhetische Aufgeschlossenheit, Risikofreude und Engagement für unkonventionelle Kunsttendenzen kehrten ein. Richter profitierte davon. Rudolf Zwirner in Essen, dann Köln, Heiner Friedrich in München, René Block in Berlin und sein Freund Konrad Fischer in Düsseldorf eröffneten Galerien und boten seine Bilder regelmäßig in Ausstellungen an. Verkäufe waren nicht ungewöhnlich. Die erste Solo-Schau richtete ihm 1964 Alfred Schmela in Düsseldorf ein. Die genannten

Grau (Borke), 1973 (CR 348-7)
Öl auf Leinwand, 90 x 65 cm
Köln, Privatsammlung

Galerien, deren Ruf sich schnell aufwertete, knüpften florierende Kontakte zum europäischen Ausland und den USA.

New York hatte Paris mittlerweile als Zentrum zeitgenössischer Kunst abgelöst. Der erste Kunstmarkt der Welt *Köln '67* fand 1967 im Gürzenich, der alten Kölner Festhalle, statt. Ein eigens zu diesem Zweck gegründeter „Verein progressiver deutscher Kunsthändler" veranstaltete ihn. Die abstrakte Kunst, die in der Nachkriegszeit als freie nur sich selbst verpflichtete Kunst ein Alleinstellungsmerkmal besaß, befand sich auf dem Rückzug, und der Blick der Künstler hatte sich neuerlich der Außenwelt zugewandt.

Richter reagierte mit einer Fülle anscheinend zielloser künstlerischer Erkundungen. Sie schlossen Versuche mit schwenkbaren Glasscheiben (1967) ein. Wurden ihm die Grenzen der Malerei doch zu eng? *Duchamps Großes Glas* (1915–1923) regte

Grau, 1970 (CR 247-1)
Öl auf Nessel, 200 x 150 cm
Bremen, Privatsammlung

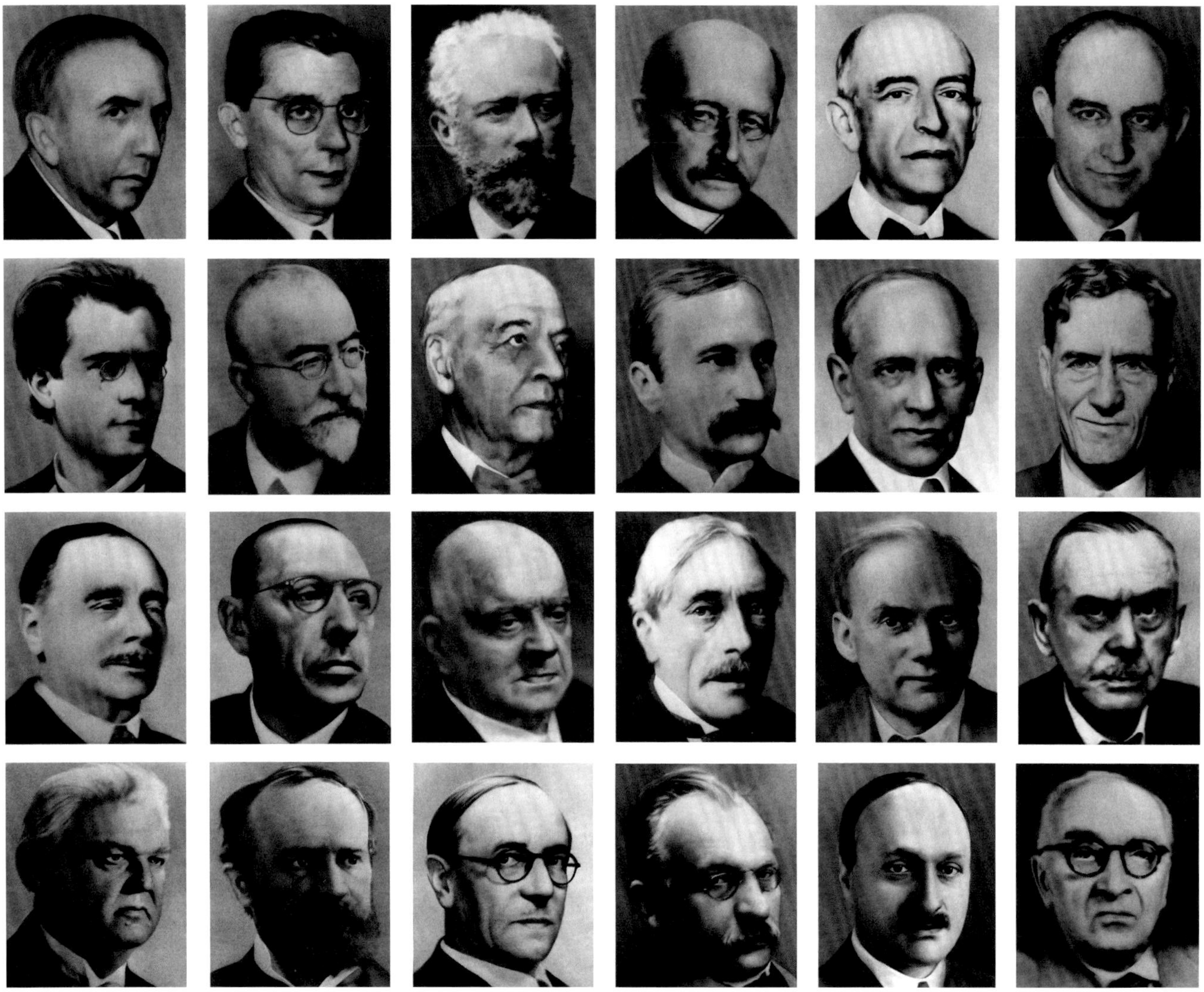

ihn an. Aber die esoterischen Spekulationen, die sein Urheber darum gerankt hatte, störten ihn. „Ich denke, irgendetwas hat mir bei Duchamp nicht gepasst, diese Geheimnistuerei, und deswegen habe ich diese einfachen Gläser gemacht und so ein Problem von Glasscheiben ganz anders gezeigt."[30]

Zur gleichen Zeit erweiterte er die thematische und methodische Bandbreite der „fotorealistischen" Bilder – wie man sie seinerzeit bezeichnete: von den vermeintlich banalen Sujets der Alltagswelt bis zu den emotionalen Serienporträts der in den USA ermordeten *Acht Lernschwestern* (1966). Stilistisch erstreckte sich das Spektrum von fotografischen Bildern nach Vorlagen bis zu Bildern tachistischer Gestik wie

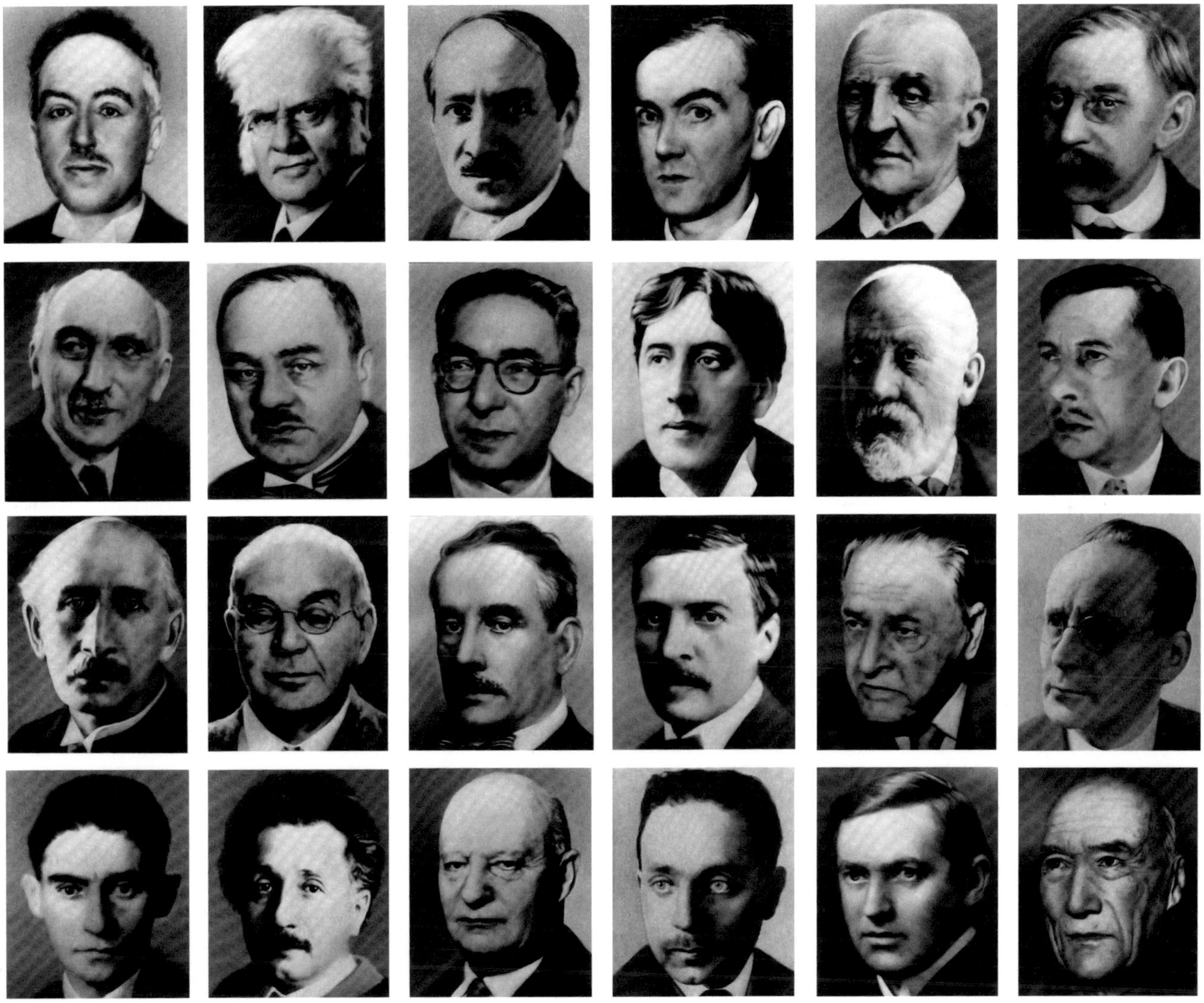

Ohne Titel (1968); von konstruierten „fotografischen“ Bildern ohne fotogra-fische Vorlagen (1966) bis zu geometrischen Bildern nach Farbmusterkarten (1966); von schwarz-weißen Städteprospekten aus der Vogelperspektive (1968) und Gebirgs-panoramen (1968) in stark pastosem Farbauftrag bis zu großen vermalten mono-chromen Grauflächen (1970). Auch einen Film hat Richter gedreht – für seine Ausstellung bei Schmela. Der trug den Namen einer Düsseldorfer Szenefigur, die sich als Künstler profilieren wollte: *Volker Bradke* (1966). Der Film pendelt zwischen Hommage und Ironisierung, bewusst amateurhaft und natürlich unscharf. Der ein-zige Ausflug Richters ins Universum des Films.

48 Portraits, 1971/72 (CR 324/1–48)
Öl auf Leinwand, 48-teilig, je Bild: 70 x 55 cm
Köln, Museum Ludwig

Korsika (Haus), 1969 (CR 211)
Öl auf Leinwand, 115 x 130 cm
Seattle Art Museum

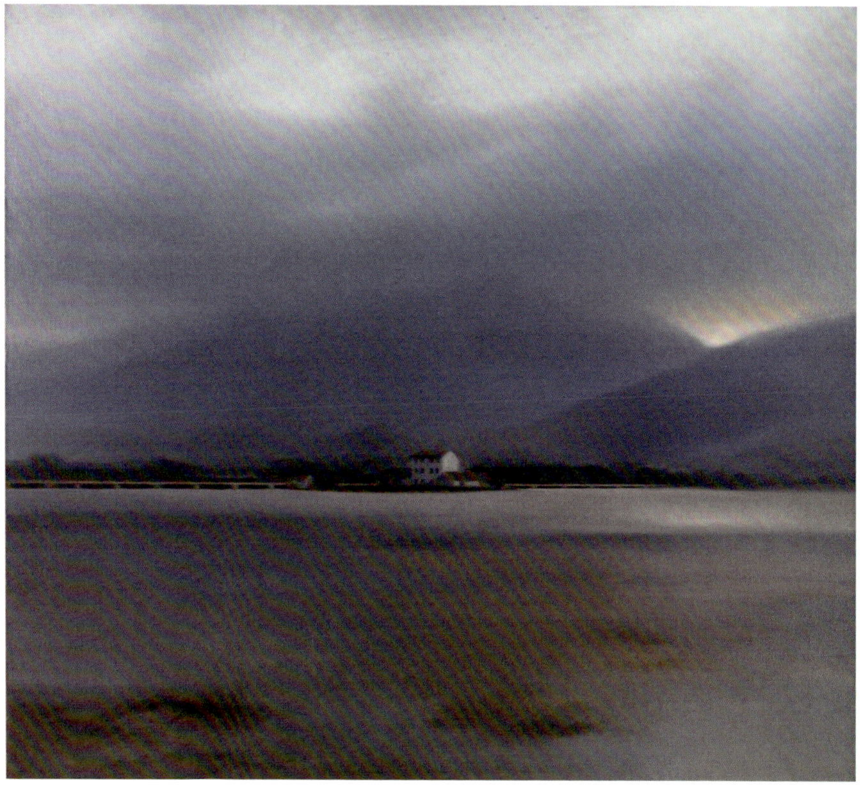

Was unbefangener Sicht planlos vorkommt, entfaltet im künstlerischen Denken eine eigene Logik. In Wahrheit war diese Zeitspanne äußerst fruchtbar, und die Irrwege waren rar. Richter vergewisserte sich mit Ausnahme des Films sämtlicher Modalitäten visueller „Mitteilung" und einiger, die er noch systematisch erkunden oder variieren sollte. Er testete die Möglichkeiten der Malerei nachgerade aus. Als ihn die weiche Unschärfe mittels Verwischungen langweilte, tauschte er den fließenden Farbauftrag gegen eine ruppige und pastose Pinselsprache.

Richters fotografisches Porträt-Ensemble der acht ermordeten Lernschwestern wurde dank feinfühliger „Weichzeichnung" zum berührenden Epitaph. Das Cheese-Lächeln der jungen Frauen erstarrte durch die transparente Unschärfe, und plötzlich stellt sich unsäglicher Schmerz ein. Das einheitliche fotografische Grau ihrer voluminösen Frisuren entpuppt sich als unheilvoller schwarzer Helm, der die blassen Gesichter beinahe erdrückt. Das additive Porträtbild setzt die Reihe der Totenbilder Richters fort und weist schon auf den berühmten Zyklus *18. Oktober 1977* (1988) voraus. Die Trauer um den sinnlosen Tod junger Menschen verbindet sie über das zeitliche Intervall hinweg.

Dagegen hatten die aus der Nähe expressiv wirkenden schwarz-weißen Städtebilder, die aus der Ferne paradoxerweise impressionistische Schau-Effekte bieten, keine eindeutigen Nachfolger im Werk des Künstlers. Sie bereiteten aber subkutan die „abstrakten" Bilder vor. Luftaufnahmen von Paris, Madrid und anderen Millionenstädten blies der Künstler auf und formte sie zu wuchtigen und schwer zu „lesenden" Malflächen um. Es ist, als ob manchen Städten die schleichende Zerstörung imprägniert ist. Mal aus der Fern-, mal aus der Nahsicht veranschaulicht sich in den Häusermeeren eine Vielfalt von Handschriften, die dennoch jeden Anflug von subjektiver Investition dementieren.

In diesem Licht sind die unterschiedlich dimensionierten Farbtafeln, die Richter nach handelsüblichen Farbmusterkarten malte, nur in formaler Hinsicht deren Widerparts. Vielmehr untermauerte er mit ihnen seine künstlerische Absichtslosigkeit und Indifferenz. Er veränderte die Kombination der Farben mehrfach willkürlich oder überließ sie Freunden. Sein Fazit ist die „Feststellung, dass jede Farbe wunderbar zu jeder beliebigen anderen passt".[31]

Mit dem Einsatz von Spiegeln und Glasscheiben zog er sich schließlich ganz aus der praktischen Realisierung zurück und beschränkte sich wie seine Freunde von der Konzeptkunst auf den Entwurf. In den schwenkbaren Glasscheiben und Spiegeln produziert sich die sichtbare Wirklichkeit, die Richter nie aus den Augen verlor, als dynamischer unkontrollierbarer Erlebnisraum und nicht bloß als statische Bildebene. Als visuelle Gegenstücke entsprechen ihnen die Bilder von imaginären Fenstern und Türen, denen keine fotografischen Vorlagen zugrunde liegen. Richter hat sie wie Fotografien gemalt. In den Fenstern spiegeln sich die Schatten ihrer Rahmen,

Ausschnitt (braun), 1970 (CR 271)
Öl auf Leinwand, 135 x 150 cm
Essen, Museum Folkwang

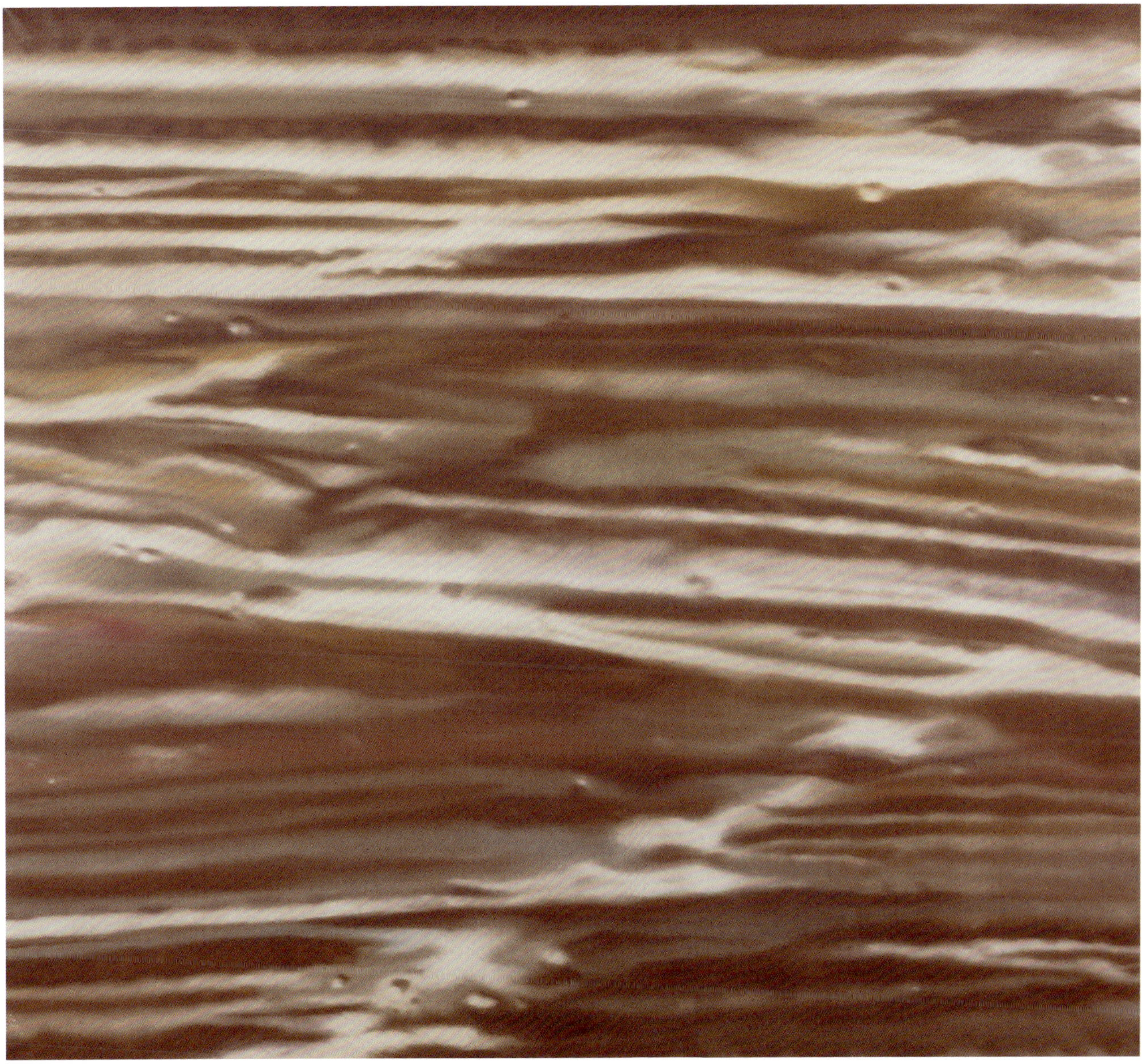

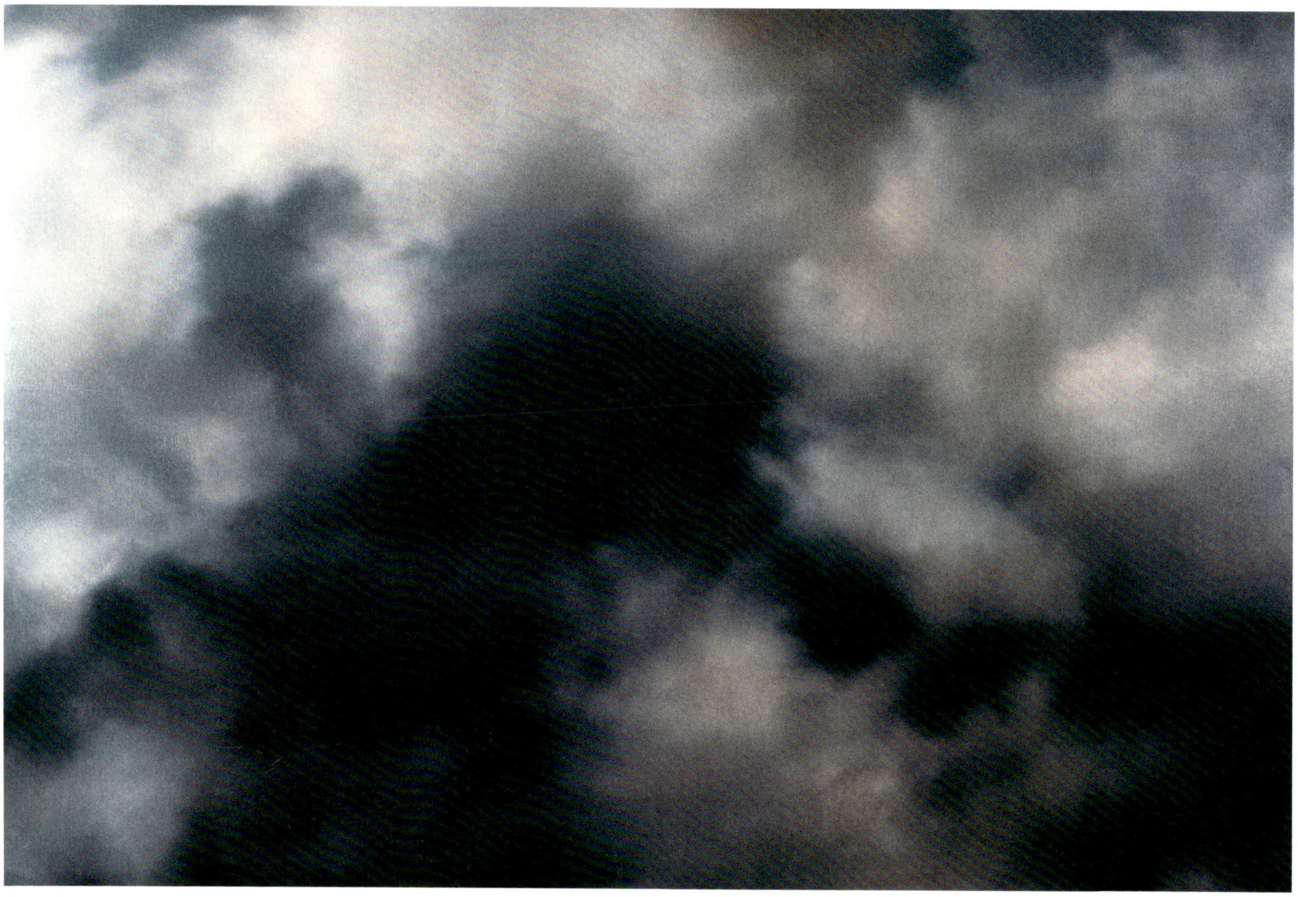

Wolken, 1970 (CR 265)
Öl auf Leinwand, 200 x 300 cm
Essen, Museum Folkwang

die Türen führen ins Nichts, und die Vorhänge wellen sich in einem gleichmäßigen Rhythmus von hellen und dunklen Grautönen.

Dass der Künstler gleichwohl in einem künstlerischen Dilemma steckte, zeigen seine vermalten und die grauen Bilder mit und ohne sichtbare Malspuren. Das Grau der fotografischen Bilder hat sich verselbstständigt; als „sichtbar proportionierte Farbfläche" (Richter) oder als plane Monochromie. Zweifellos zeichnet sich in den Bildern eine spürbare Ausweglosigkeit ab. Ebenso wie bei den Vorhängen, an denen der Blick abprallt, sowie den Türen und Fenstern, die ihre Funktion verleugnen. In einem Brief an Edy de Wilde (23. Februar 1975) räumte er ein: „Als ich anfangs [...] einige Leinwände grau zustrich, tat ich das, weil ich nicht wusste, was ich malen sollte..."[32] Aus der Perspektive acht Jahre danach, als die grauen Bilder längst einen ästhetischen Eigenwert besaßen, fügte er hinzu: „Grau ist für mich die willkommene und einzig mögliche Entsprechung zu Indifferenz, Aussageverweigerung, Meinungslosigkeit, Gestaltlosigkeit."[33]

Seestück (Gegenlicht), 1969 (CR 233)
Öl auf Leinwand, 200 x 200 cm
Kalifornien, Privatsammlung

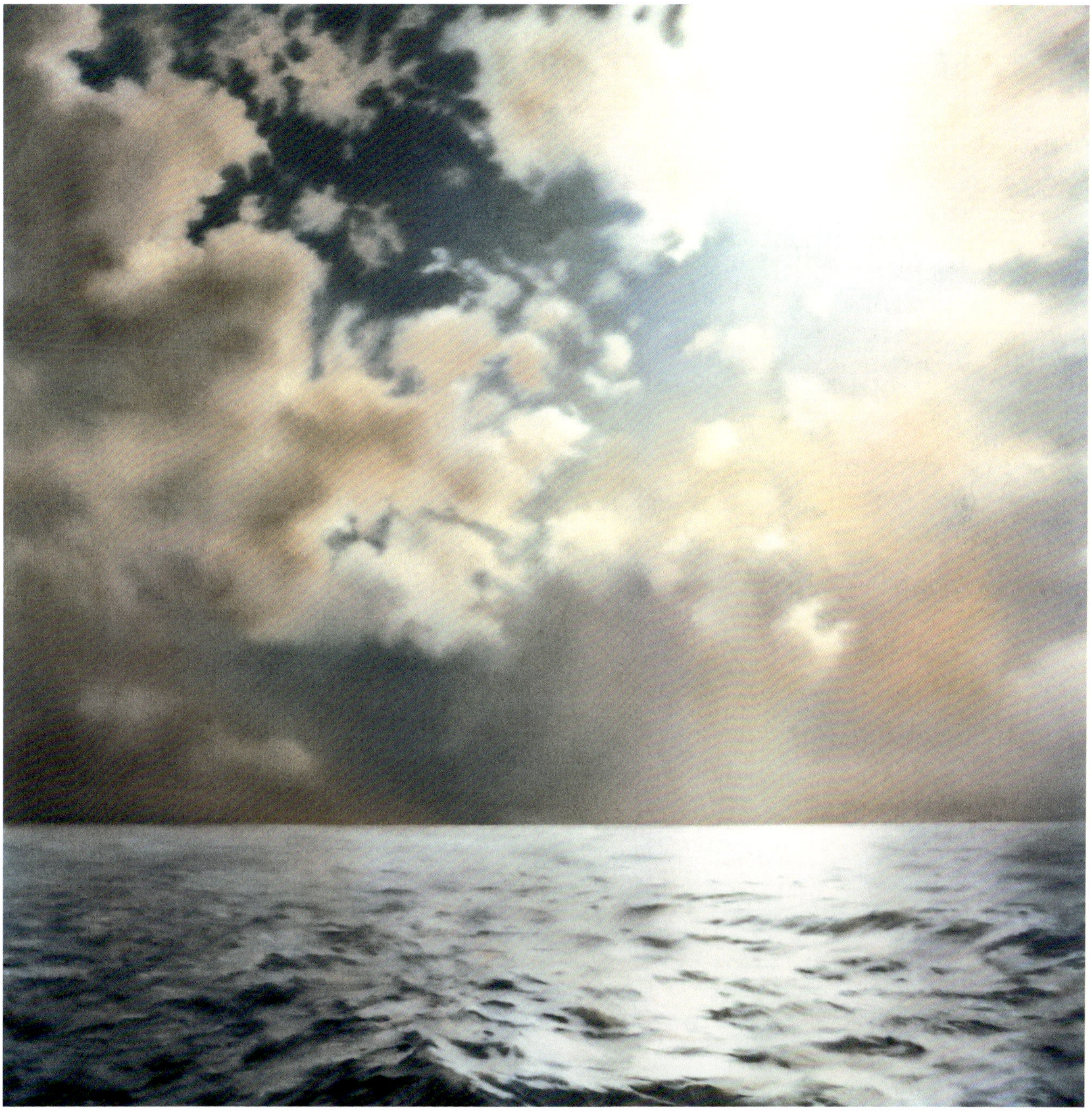

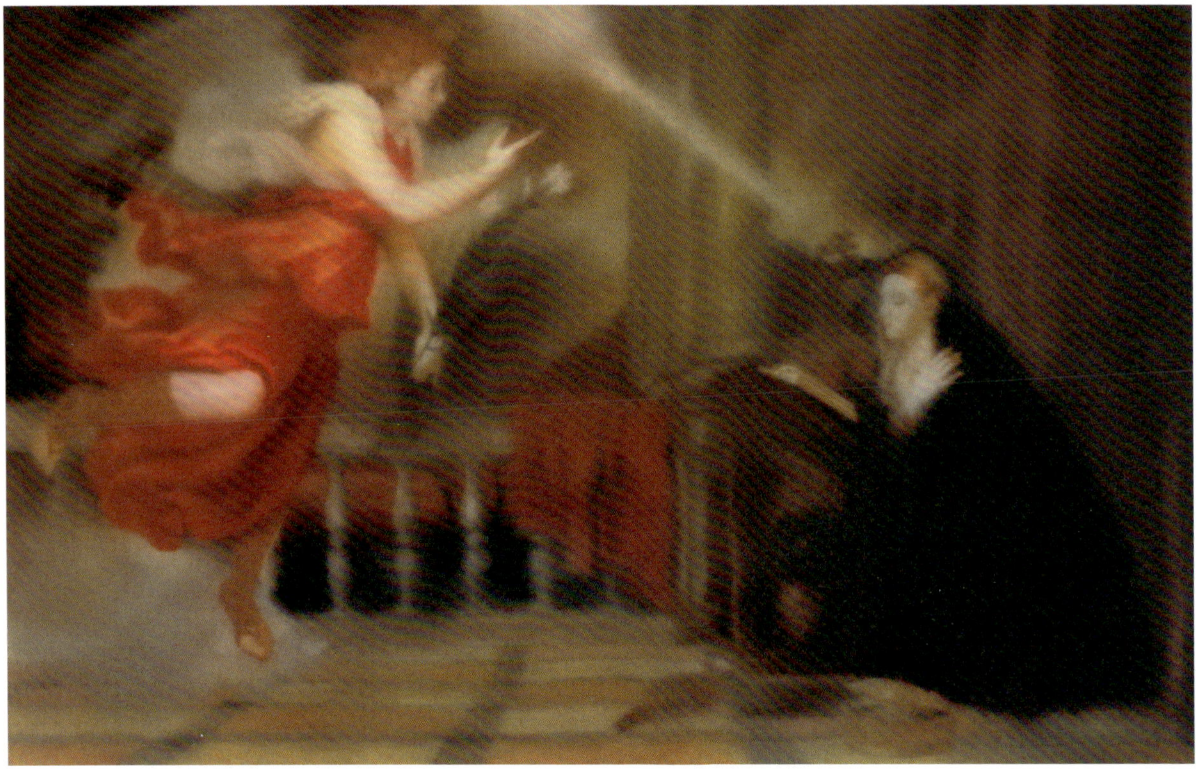

OBEN
Verkündigung nach Tizian, 1973 (CR 343-1)
Öl auf Leinwand, 125 x 200 cm
Washington, D.C., Hirshhorn Museum

UNTEN
Verkündigung nach Tizian, 1973 (CR 343-2)
Öl auf Leinwand, 125 x 200 cm
Kunstmuseum Basel

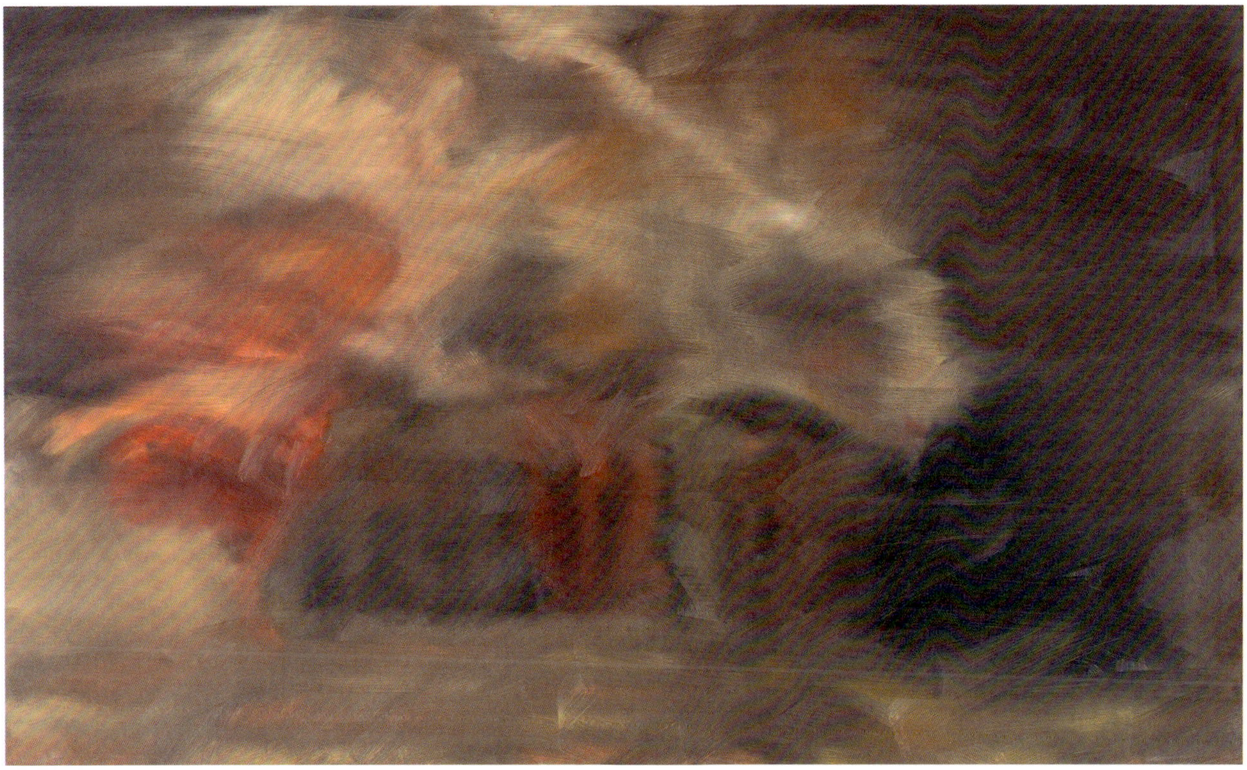

OBEN
Verkündigung nach Tizian, 1973 (CR 344-1)
Öl auf Leinwand, 150 x 250 cm
Kunstmuseum Basel

UNTEN
Verkündigung nach Tizian, 1973 (CR 344-3)
Öl auf Leinwand, 150 x 250 cm
Kunstmuseum Basel

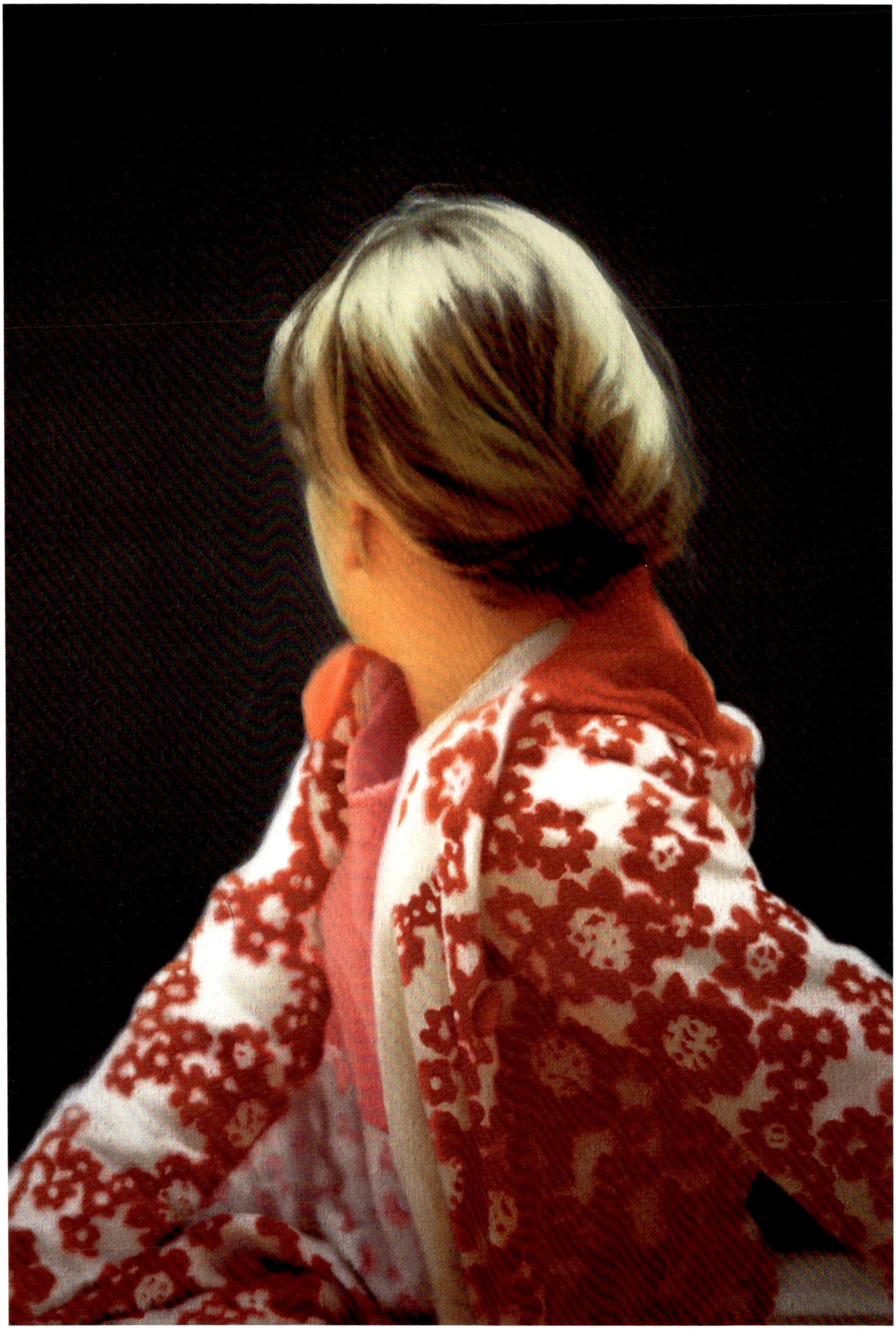

„Zu probieren, was mit Malerei zu machen ist…“[34]

Unter den grauen Bildern, den Leinwänden mit verschlungenen farbigen Pinselspuren sowie den Farbtafeln nach Musterkarten tauchte 1973 ein Bildzyklus mit ungewöhnlicher Thematik auf. Die Postkarte, die ihm zugrunde liegt, reproduzierte aber keine Facette der Alltagsrealität, sondern ein Gemälde aus der Welt der Mythologie. Von der Hand Tizians anno 1540. Es handelt von der frohen Botschaft des Engels an die Jungfrau Maria, sie werde Gottes Sohn empfangen. Ein Lichtstrahl, den eine Taube am oberen Bildrand aussendet, symbolisiert das Ereignis.

Was Richter bewogen hat, nach *Ema* (und einem Gruppenporträt niederländischer Herkunft) von Neuem die Kunstgeschichte zu bemühen und sich ausgerechnet das Gemälde eines Malers von höchster Reputation auszusuchen, war wohl der eigene Anspruch. Die Begegnung mit dem Gemälde Tizians in Venedig gab den Anstoß. Ein ausführliches Gespräch über den Zyklus beleuchtet den Punkt nur unzureichend.[35] Immerhin räumte Richter darin ein, dass ihn ein bestimmter Aspekt an Tizians *Verkündigung* – wie bei allen Bildern derartigen Ranges – gereizt habe, der Aspekt, „dass sie ‚gut‘ sind (wenn sie gut sind) und zwar unabhängig von ihrer damaligen aktuellen Wirkung, von ihrem Anlass und von ihrer Story“.[36] „Gut“ ist ein vages Attribut, bezeugt jedoch die unverminderte Suche des Künstlers nach Orientierung. Er bestritt, dass er eine Kraftprobe mit Tizian angestrebt habe – um am Schluss listig hinzuzufügen: „… vielleicht müsste man einen Psychiater fragen, vielleicht könnte der analysieren, warum ich Lust drauf hatte.“[37] Bemerkenswert ist, dass er den Begriff „Kunst“ absolut setzt. Und das Geheimnis „guter Kunst“ in der Vergangenheit aufzuspüren, zu erfassen und in die Gegenwart zu retten, wäre ein einleuchtender Grund. „Doch ich möchte […] den prinzipiellen Unterschied zwischen den ‚puren‘ Bildern, die nur sich selbst darstellen, und solchen, die nur etwas abbilden, nicht gelten lassen.“[38] Eine Kunst um der Kunst willen lehnt Richter allerdings entschieden ab. Ihr würde sein Postulat, Kunst sei und bleibe ein Organ der „Mitteilung“ entgegenstehen. Er visiert stattdessen eine Kunst an, die selbstbezüglich ist und zugleich eine Art numinoses, ein unsichtbares Moment enthält, das die Selbstbezüglichkeit transzendiert. Die gemalten Bilder von Robert Ryman, Brice Marden und Palermo erwähnt er als Beispiele. Sie seien „in einer Weise auch illusionistische Bilder, und man kann die pure Farbe, das Material an sich sogar nur dann und mit Mühe sehen, wenn man sie mit den Augen eines Farbenhändlers sieht.“[39]

Mit der Tizian-Paraphrase streift der Künstler, absichtslos, aber nicht zufällig, die unterschwellige Gemeinsamkeit von Kunst und Religion. Kunst und Religion

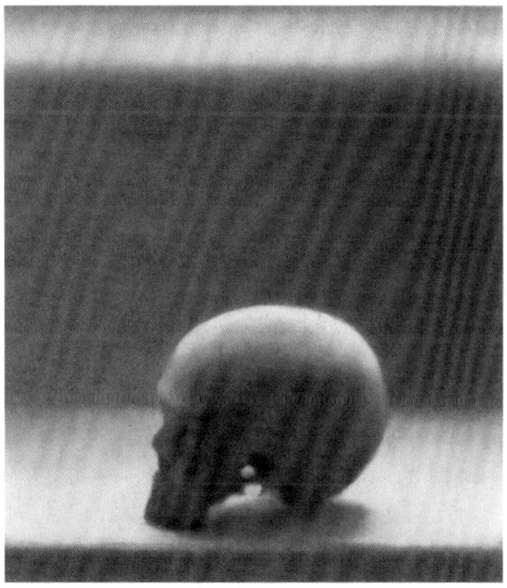

Schädel, 1983 (CR 545-3)
Öl auf Leinwand, 55 x 50 cm
Schweiz, Privatsammlung

Betty, 1988 (CR 663-5)
Öl auf Leinwand, 102 x 72 cm
Saint Louis Art Museum

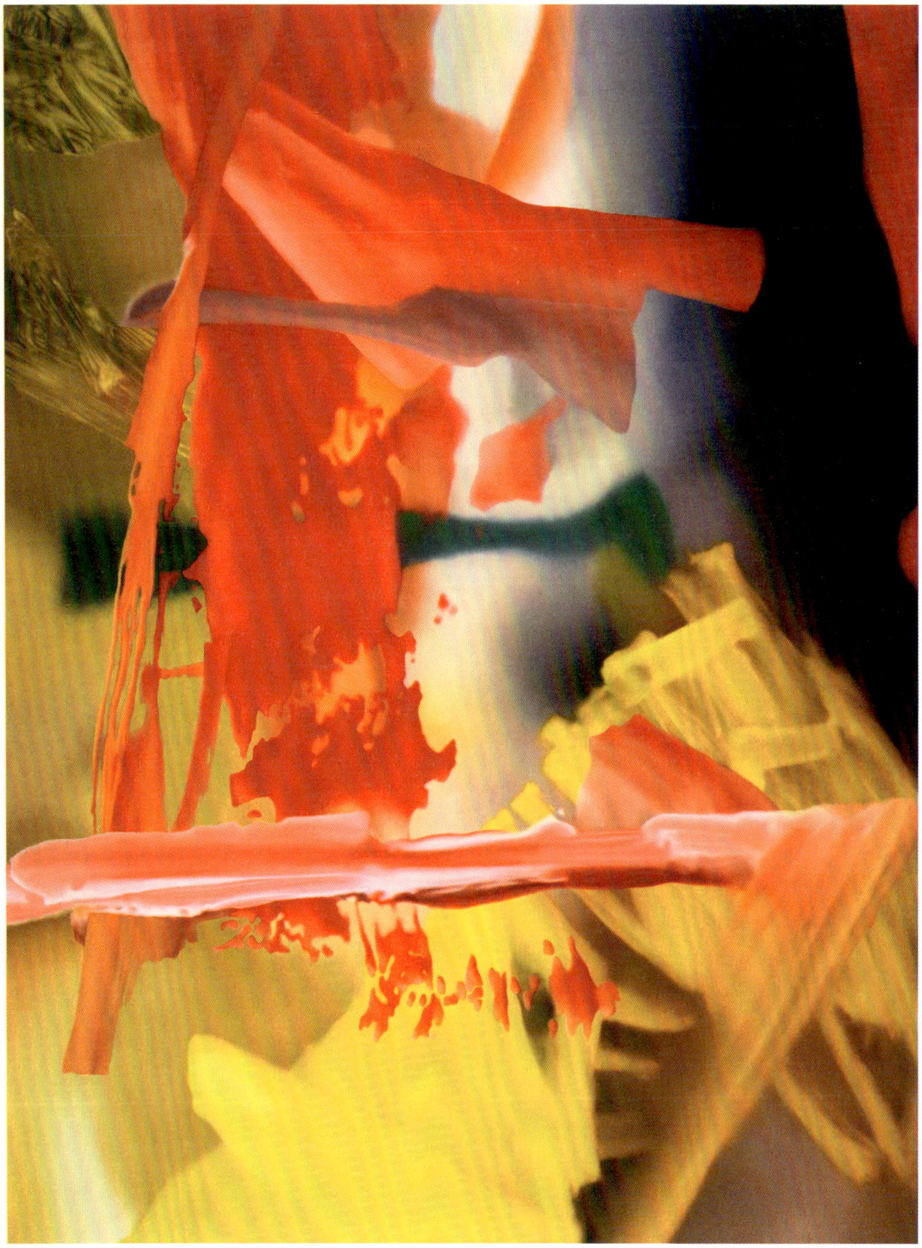

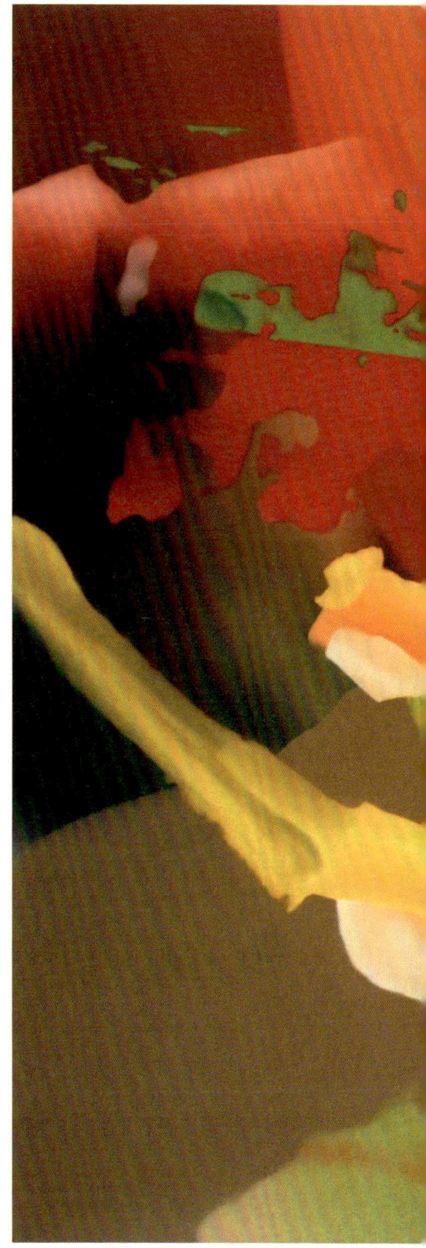

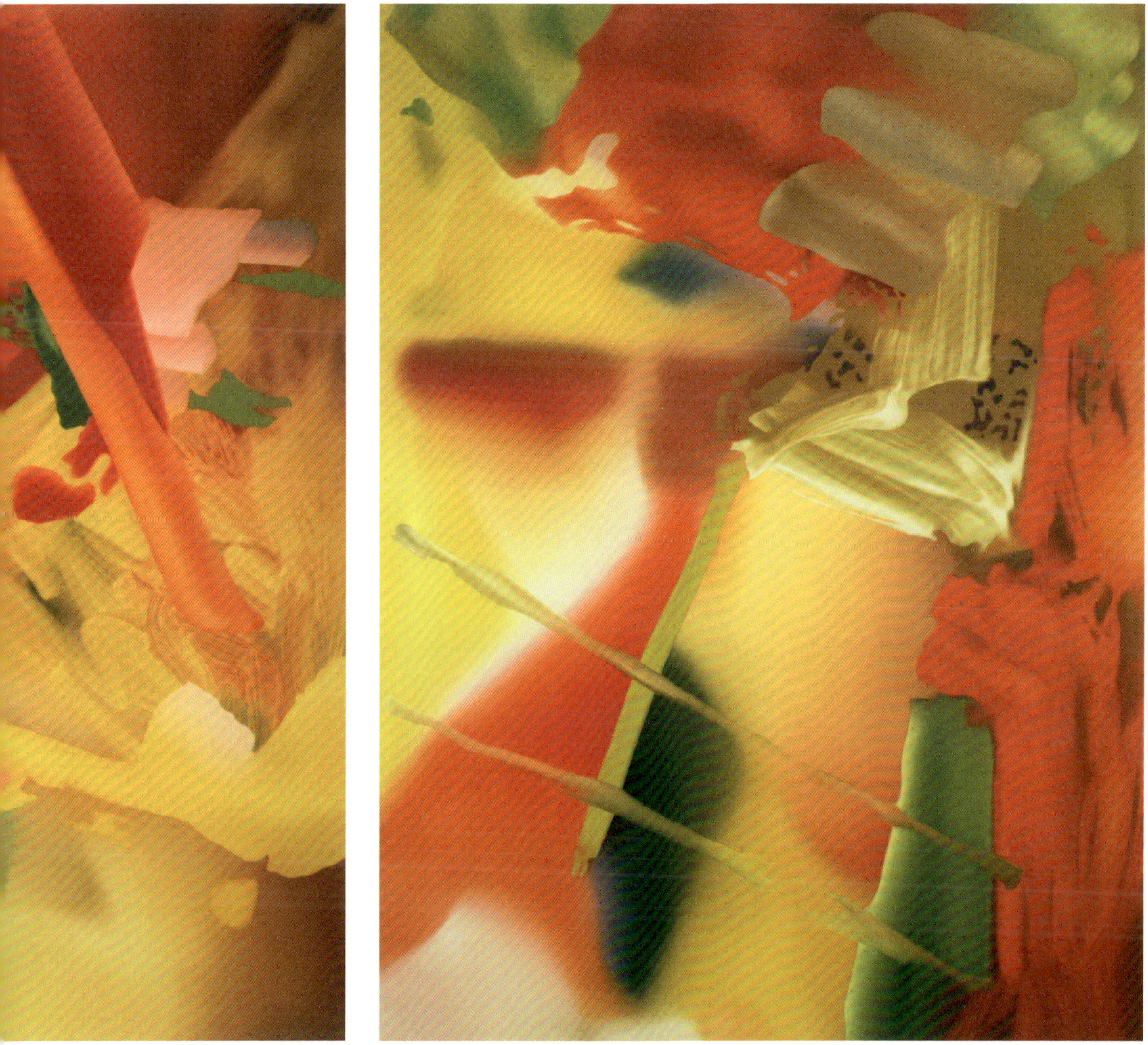

Faust, 1980 (CR 460)
Öl auf Leinwand
Triptychon, je Bild: 295 x 225 cm
Frankfurt am Main, Sammlung Deutsche Bank

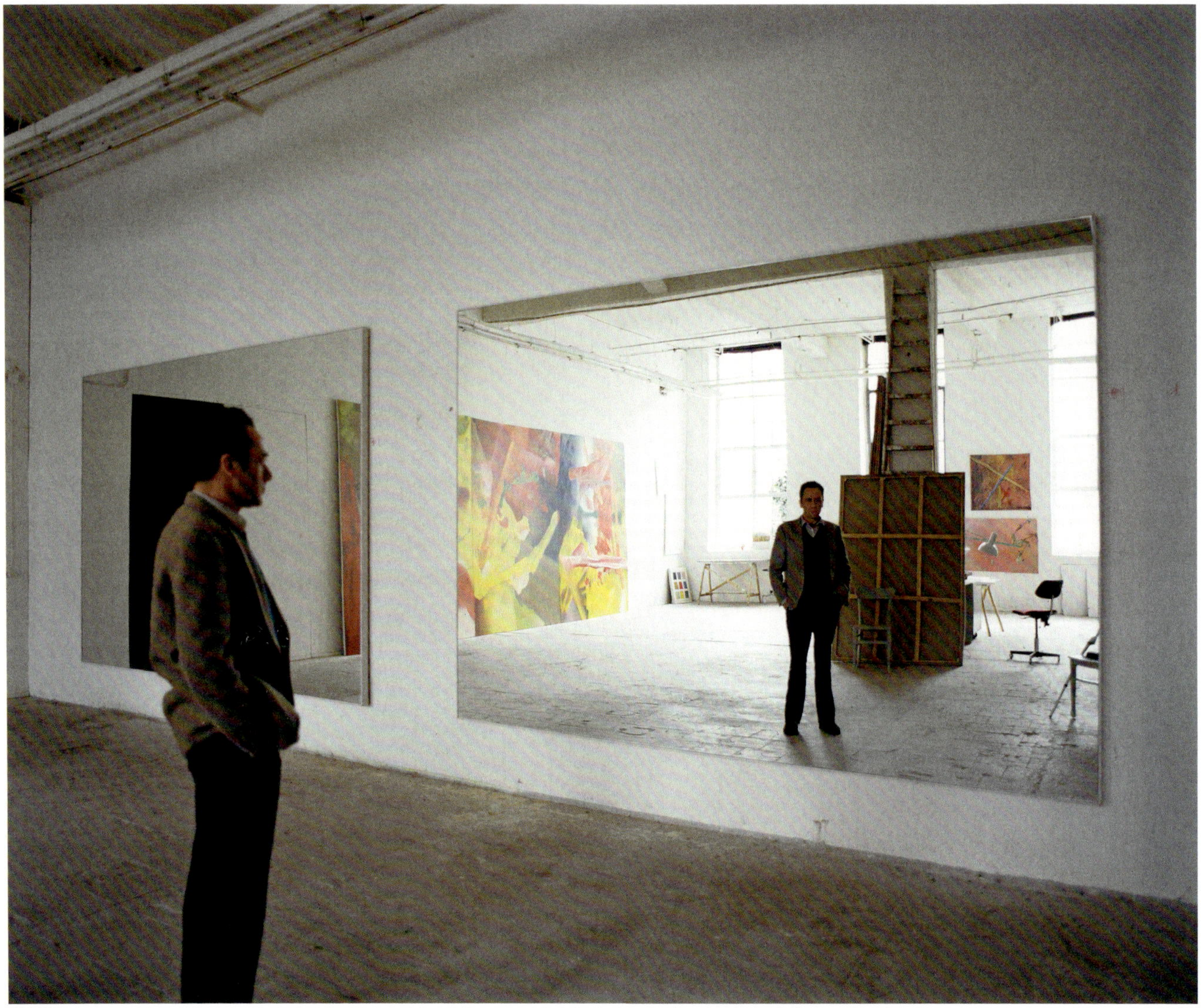

Spiegel, 1981 (CR 470/1–2)
Kristallspiegelglas, je Objekt: 225 x 318 cm
Kunsthalle Düsseldorf

Abstraktes Bild, 1979 (CR 444)
Öl auf Leinwand, 300 x 250 cm
Paris, Musée National d'Art Moderne, Centre Georges Pompidou

teilen eine Bedingung ihrer Existenz. Sie bedürfen einer Erzählung, die kollektiv glaub-würdig ist, um soziale Ausstrahlung und Macht gewinnen zu können. Richter spricht in seinen frühen Notizen diese Beziehungen gelegentlich an und offenbart eine versteckte Neigung, der Kunst eine quasi-religiöse Funktion zuzubilligen. In der agnostischen Moderne zeichnet sich keine realistische Zukunftsperspektive für eine metaphysische Kunst jenseits der Esoterik ab. Schon gar nicht für eine ungetrübt christliche Kunst. Das traditionelle Personal hat sich überlebt – im Gegensatz zum Modus seiner Inszenierung. Das Wissen um Engel und Madonna verflüchtigt sich, und Madonna ist für die meisten bloß ein Superstar im kommerziellen Showbusiness.

Dennoch stellte sich für Richter angesichts Tizians *Verkündigung* ein Problem: Wie eine angemessene künstlerisch-ästhetische „Mitteilung" destillieren, ohne auf die szenische Botschaft der unbefleckten Empfängnis zurückzugreifen? Entspringt sein Versuch nicht doch einer – wenngleich nicht ausdrücklich beabsichtigten – künstlerischen Kraftprobe, ohne die sportliche Ambition, beweisen zu wollen, wer der „bessere" Maler ist? Der Künstler löste das Problem mit seinem bewährten Instrumentarium. Er verwischte die Konturen des Engels und der Madonna und

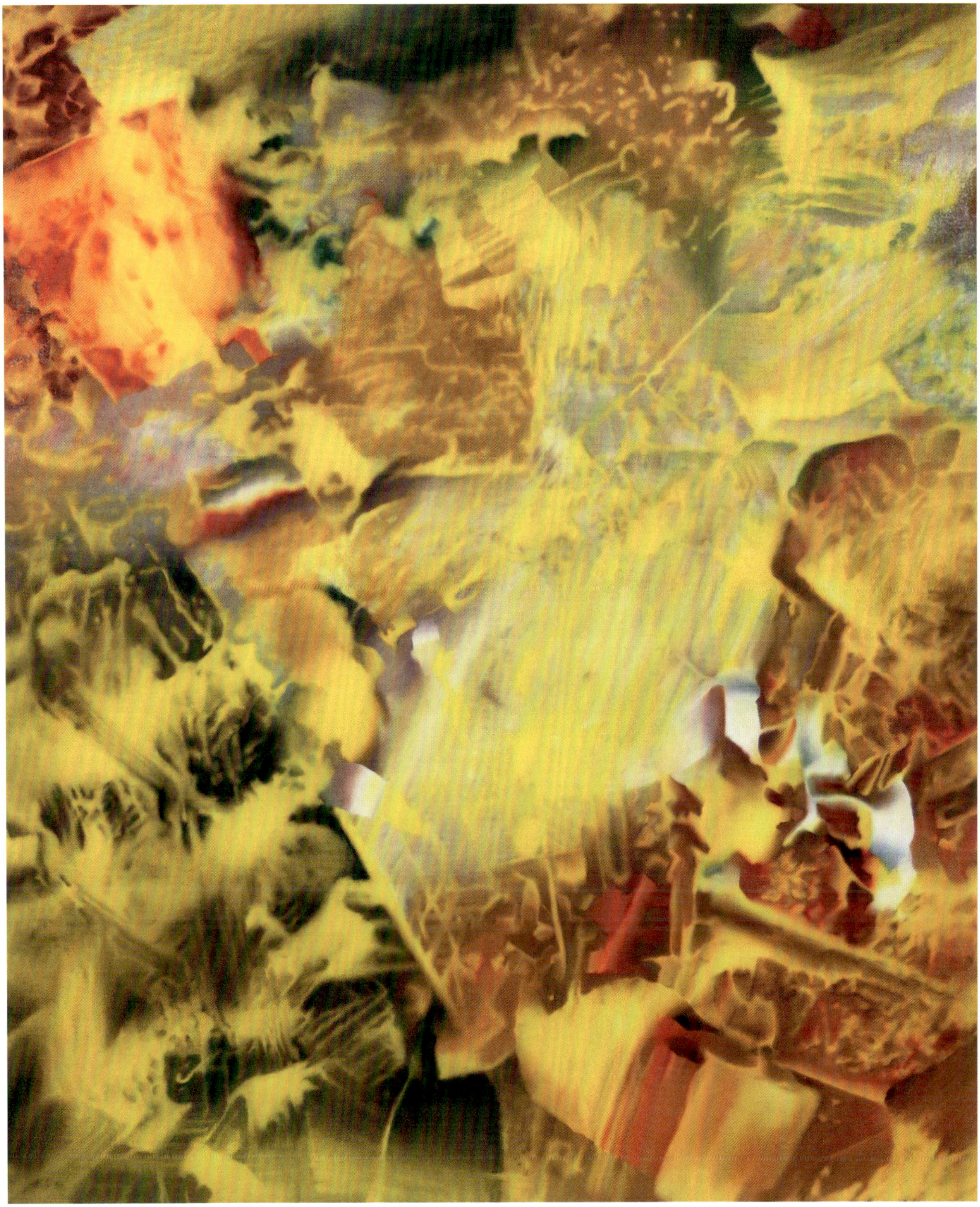

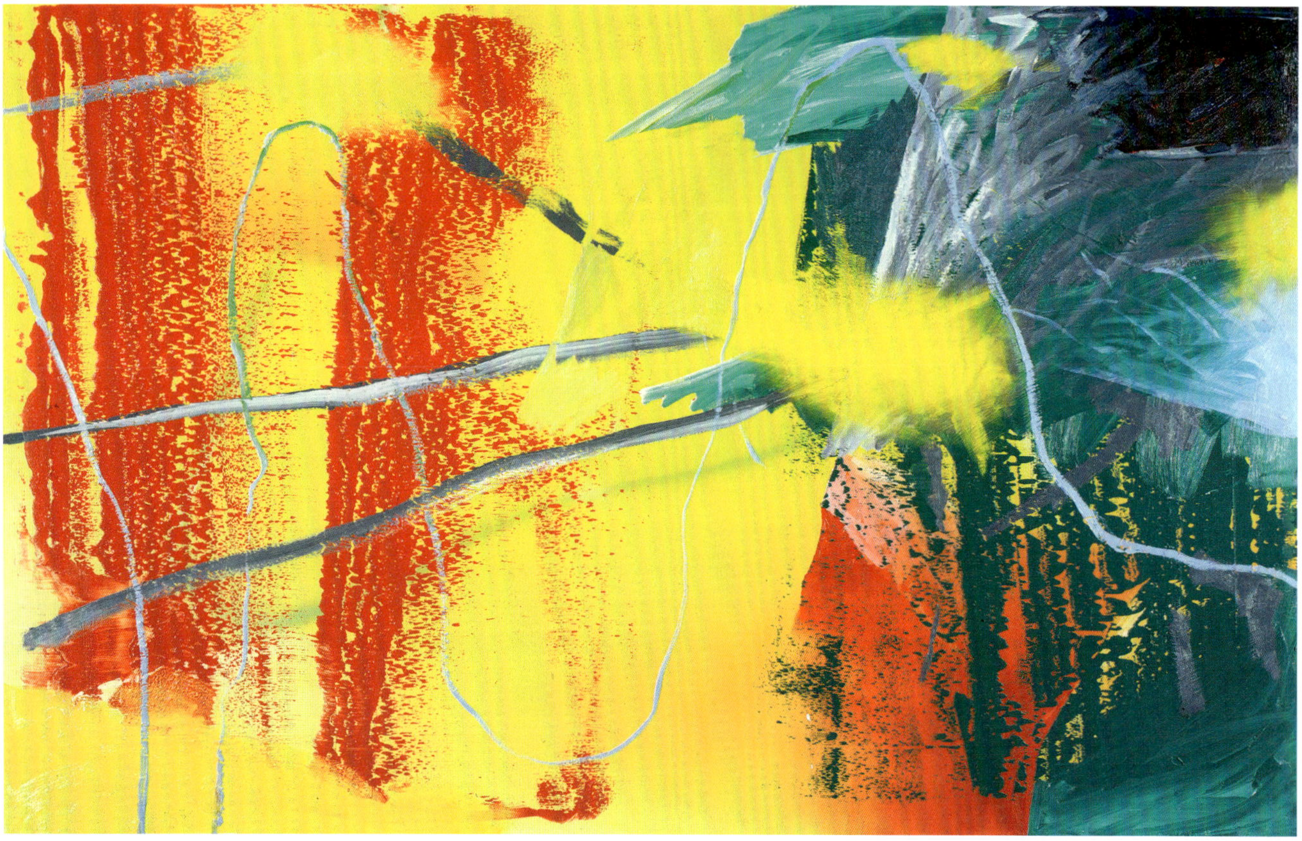

Krieg, 1981 (CR 484)
Öl auf Leinwand, 200 x 320 cm
Köln, Museum Ludwig

rückte sie in den Horizont des Verschwindens. Die Verwischung steigert den dynamischen Effekt des Gemäldes, und der Engel stürmt gleichsam auf Maria zu, deren Reglosigkeit einen leichten formalen Widerstand bildet. Form und Inhalt korrespondieren in parodischer Wendung. Der Lichtstrahl, der auf Maria ausgerichtet ist, geht in Rauch auf, und die Taube mutiert zu einem Flecken.

In den nächsten Versionen der Werkgruppe verflüssigen sich alle Figuren des Gemäldes samt Inventar und werden zu wolkigen, schwebenden Farbgebilden. Übrig bleibt beim fünften und letzten Bild der Reihe eine dunkle Farbfläche von schwingendem, ungemein differenziertem Braun mit diffusen Aufhellungen und rotem Unterton. Es ist das Rot des Gewandes, das den Engel bei Tizian kleidet und den fünf Bildern eine klangliche Klammer verleiht. Ein zartes Echo des Vorbilds.

Die Technik des Verwischens verfolgt in diesen Bildern nicht den Zweck, die optische Wahrnehmung zu reizen, wie bei den fotografischen. Sondern: das Bildmotiv vollkommen auszulöschen. Anders als in dem Bild *Tisch* zu Anfang des fotografischen Werkes ist es eine subtil verfeinerte, raumschaffende Farbe, die das Auslöschen übernimmt. Ergebnis einer ausgefeilten Malerei, welche die Farbe mit einer undefinierbaren, doch spürbaren Wirkungskraft ausstattet, um das vermeintlich Unsichtbare ins Sichtbare und das Dargestellte über die pure Empirie hinaus zu heben. Unter Richters Händen wird die Farbe zu einer flüchtig-flüssigen Substanz: körperhaft, doch die materiellen Grenzen überschreitend.

Noch lange nach ihrer Fertigstellung galt die Bildgruppe um Tizians *Verkündigung* als gescheitertes Unternehmen. In Dietmar Elgers Biografie des Künstlers wird sie nur zweimal und am Rande zitiert.[40] Richter schrieb die Werkgruppe mit dem Fazit ab, an die Renaissancemalerei kontinuierlich anzuschließen, funktioniere nicht mehr, „nicht einmal als Kopie".[41]

Mit dem Fortschreiten der Zeit hat sich der Blick auf die Bilder gründlich gewandelt. Denn das Scheitern eines solchen Versuchs stellte sich als die einzig „realistische“ und letztlich plausible künstlerische Möglichkeit heraus, das Unmögliche zu wagen – und am Ende zu obsiegen. Die Bedingung, die künstlerische Herausforderung zu bewältigen, besteht in der Fähigkeit, die faktische Unmöglichkeit in der speziellen Form der Umsetzung zu spiegeln. Mit dem Ziel, dass in dem vermeintlichen Misslingen unwiderruflich ein Verlust spürbar wird: nämlich die tatsächliche Unmöglichkeit, „gute Kunst“ der Vergangenheit ohne Brüche, Einbußen und Veränderungen in die Gegenwart zu übertragen. Nur einem Künstler, der sein Handwerk so beherrscht, dass er die Bildsprache auf höchstem künstlerischem Niveau anschaulich zu reflektieren versteht, gelingt das überzeugend.

Die Verlustanzeige ist Merkmal einer Malerei, die einer denkbaren Rückkehr zu den historischen Positionen eine klare Absage erteilt. Das Metaphysische, das die Erfahrung bereichert und für die Dinge außerhalb des Sicht- und Greifbaren stimuliert, vermag die Kunst der Gegenwart womöglich nur im Scheitern, im scheinbaren Misslingen zu verwirklichen. Richters Scheitern ist das heroische Scheitern einer Malerei trotz allem.

Die Referenzen an die Kunstgeschichte vor dem Aufbruch der künstlerischen Avantgarde sollten in Richters Werk einstweilen Ausnahmen bleiben. Erst fünf Jahre

Tisch, 1982 (CR 508)
Öl auf Leinwand, 225 x 294 cm
Deutschland, Privatsammlung

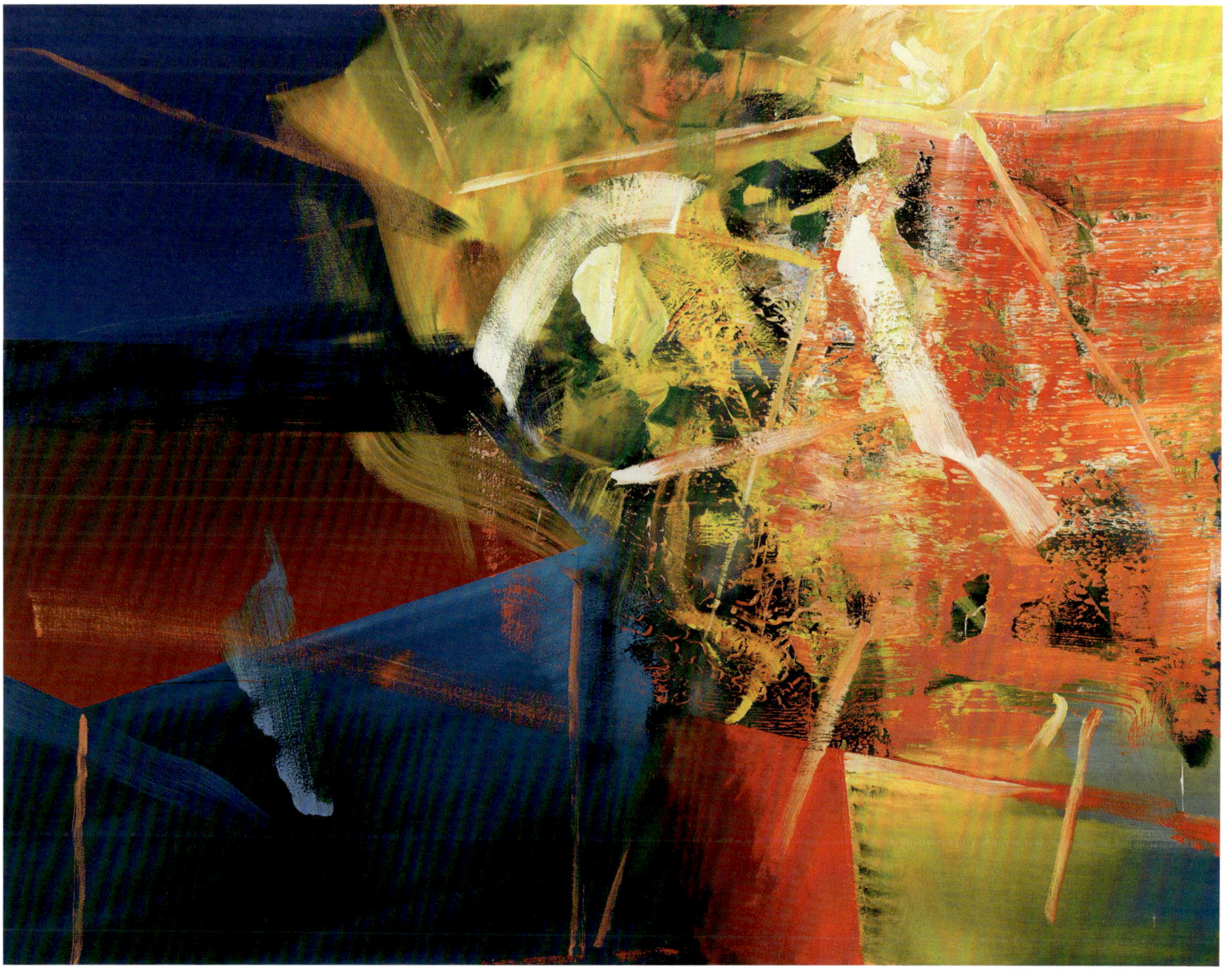

nach der *Verkündigung nach Tizian* fotografierte der Künstler seine Tochter Babette. Als sie die Kamera erblickte, wandte sich die Heranwachsende abrupt ab. Im *Atlas* ist die Fotografie ein isolierter Schnappschuss unter lauter Stillleben. 1988 holte Richter das Bild hervor, um *Betty* (1988) zu malen, eines seiner schönsten Bilder; eine künstlerische Verbeugung vor den bezwingenden Frauenbildnissen Johannes Vermeers – und ein exemplarisches Porträt der modernen Kunst: reflektierte Schönheit.

Es war nach wie vor die Fotografie, die einen Ausweg aus Ratlosigkeit und Unsicherheit bahnte, ohne sie gänzlich zu beseitigen. Richter fotografierte in dieser Zeit ausgiebig in Farbe. Landschaften, Seestücke, den Himmel, Wolken und Porträts als Vorlagen für gemalte Bildnisse. Vereinzelte Experimente mit fotografischen Unschärfen und zufälligen Ausschnitten gesellten sich hinzu. Chronologisch fangen die Farbfotografien, die er im *Atlas* versammelt hat, mit Bildern kleiner Feuer an. Farbe war in der Fotografie noch keine alltägliche Sache. Mit den Bildern nach gängigen Farbmusterkarten unterzog Richter die Farbe zunächst umfänglichen Tests, bevor er sie in seiner fotografischen Malerei erprobte, und kombinierte sie in den unterschiedlichsten Zusammenstellungen. Daneben zeichnete er zahlreiche, sehr exakte architektonische Entwürfe von speziellen Räumen, um die Wirkung und Ausstrahlung der Farbtafeln zu testen.

Ein weiterer Anreiz, sich intensiver mit der Farbe zu befassen, ergab sich dadurch, dass sich der Blick auf seine fotografischen Schwarz-Weiß-Bilder mit den Jahren modifiziert hatte. Die trivialen Gegenstände, die sie zeigten, sonnten sich längst im Glanz einer nostalgischen Ästhetik. Man hatte sich an sie gewöhnt, und der provo-katorische Effekt sich verabschiedet. Das aufkommende Missbehagen über den Umstand, dass sich mit den fotografischen Bildern in Schwarz-Weiß eine Art Stil zu etablieren schien, wird ein drittes Motiv gewesen sein, sich der Farbe zu widmen: „Wenn Schwarz-Weiß zur Farbe wird, kann ich auch gleich richtige Farbe nehmen."[42]

Ausflüge ins Feld der abstrakten Malerei brach er vorläufig ab. Auch diese hatten zunächst eine farbfotografische Basis. Ausgangsmaterial waren Detailaufnahmen von horizontalen Pinselzügen in den gemalten Bildern, die der Künstler enorm vergrößerte und dann akkurat abmalte. Unregelmäßige wellenförmige und unscharfe waagerechte Streifen erstreckten sich über die Bildfläche und verbargen ihren fotografischen Ursprung. Bilder dieses Typs werden nichtsdestotrotz zukünftig den folgenreichsten Umschwung im gesamten Werk des Malers anbahnen. Schlugen seine Landschaften eine gangbare Brücke?

Richters erste reine Landschaft war noch ein Schwarz-Weiß-Bild: *Korsika I* (1968). Die Vorlage war eine Montage aus Landschaft und Seestück. Das Meer im Vordergrund, ein schmaler dunkler Streifen von Bewuchs darüber und von Wolken umfangene Berge im Hintergrund. Er zögerte, das Bild auszustellen, weil er nicht glaubte, es damals zeigen zu können. Als Jahresgabe überließ der Künstler dem „Gegenverkehr – Zentrum für aktuelle Kunst" in Aachen einen Offsetdruck des Sujets. Im „Gegenverkehr", ein halbes Jahr zuvor gegründet, hatte ich ihm die erste institutionelle Einzelausstellung eingerichtet.[43] Am 26. März 1969 feierte sie Eröffnung. „Für Richter war die Ausstellung wichtig", schreibt Dietmar Elger, „weil er hier nicht nur einen Überblick über sein bisheriges Schaffen zeigen, sondern auch einen Katalog produzieren konnte, dessen 122 kleinformatige Abbildungen diese Vielfalt widerspiegeln. Damit korrigierte Gerhard Richter die Identifikation seines Werkes in der Öffentlichkeit mit den grauen Fotobildern und wies seinen aktuellen Bildern eine gleichwertige Position zu."[44]

Korsika I (1968) und die Bilder mit gleichem Sujet, Titel und fortlaufender Nummerierung spielen in Richters künstlerischer Arbeit eine wesentliche Rolle.

Kerze, 1982 (CR 511-2)
Öl auf Leinwand, 70 x 70 cm
San Francisco Museum of Modern Art

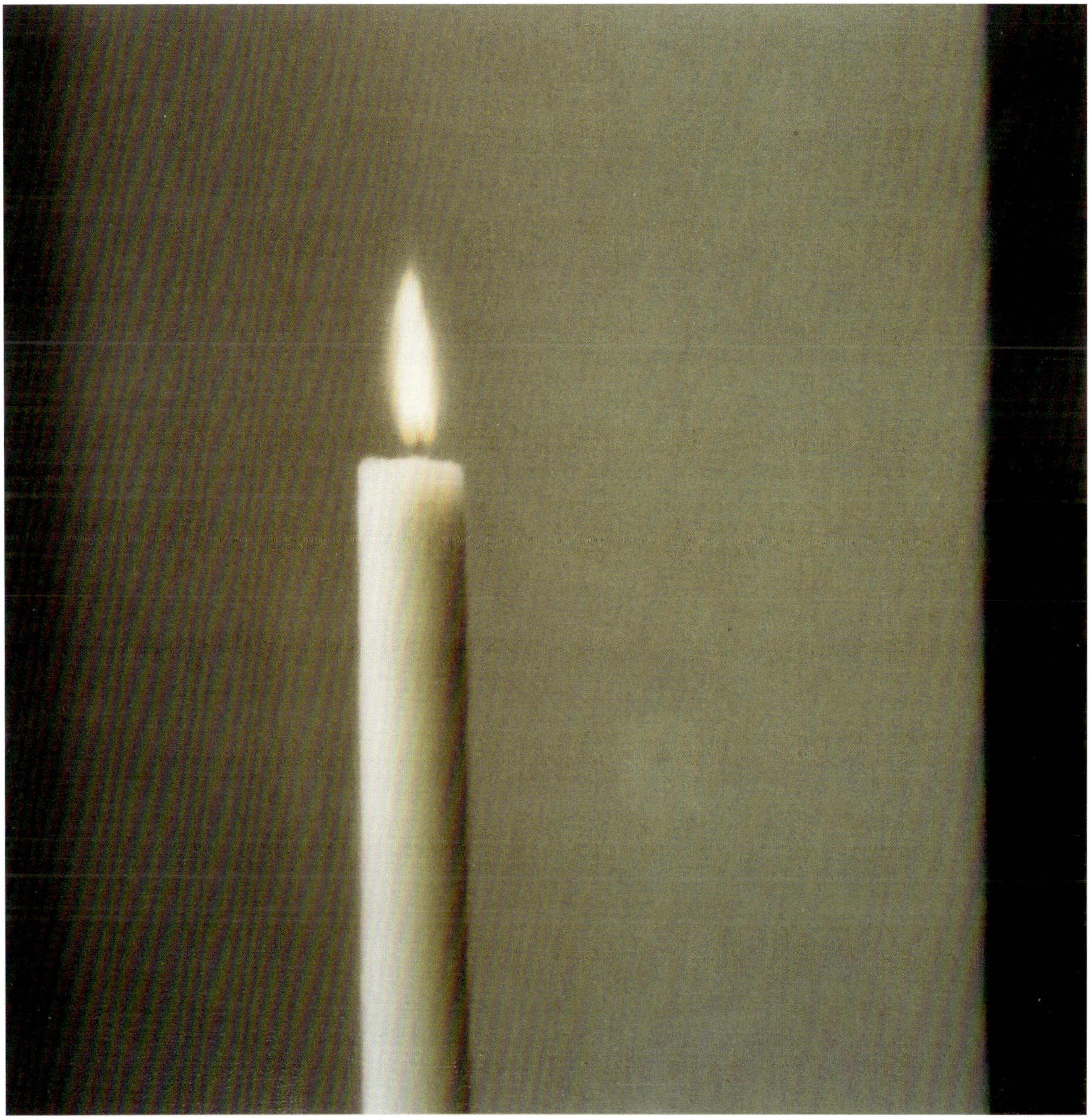

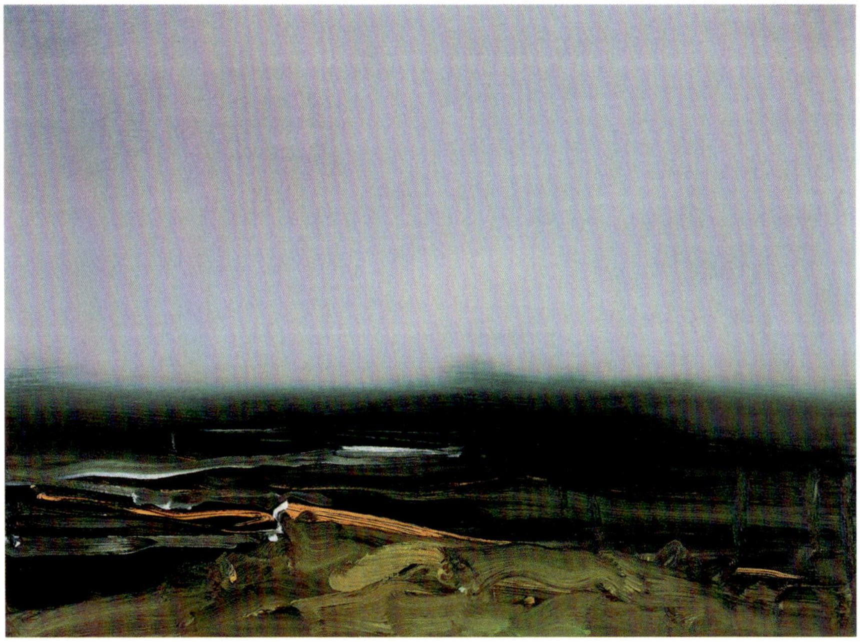

Abstraktes Bild, 1984 (CR 551-7)
Öl auf Leinwand, 50 x 70 cm
Privatsammlung

Sie leiteten eine, obgleich ständig unterbrochene, Beschäftigung mit der Landschaftsmalerei ein. Die Gattung war ein geeignetes Terrain für den Einsatz der Farbe. In der Art und Weise, wie Richter sie handhabte, stellte sich fast beiläufig auch die Stimmung des Verlustes ein, die dem Zyklus der *Verkündigung nach Tizian* die charakteristische Färbung vermittelte. Sie wird eine der vorherrschenden Leitmelodien seines künftigen Werkes werden; die andere, die zuversichtlichere Variante wird sein Vorhaben, Unerwartetes, Ungesehenes, Irritierendes zu schaffen.

Erstmals ins Scheinwerferlicht der internationalen Kunstszene trat Richter bei der Biennale in Venedig 1972. Und gleich mit einem außerordentlich beziehungsreichen Beitrag. Dieter Honisch hatte ihn als einzigen Künstler eingeladen, den deutschen Pavillon in den Giardini zu bespielen. Das war ungewöhnlich. Normalerweise mussten sich mehrere Künstler die Räumlichkeiten teilen. Richter fertigte für die zentrale Rotunde des Gebäudes 48 schwarz-weiße Porträts männlicher Koryphäen aus Wissenschaft und Kultur in der Größe 70 x 55 cm nach Fotografien aus dem Lexikon an. „Mit dem Episkop werfe ich das kleine Lexikonfoto an die größere Leinwand. Ich zeichne die Gesichtskonturen direkt nach dem so projizierten Foto. Den Rest übertrage ich frei, ohne mechanische Hilfe auf die Leinwand.“[45] In gleichem Abstand nebeneinander platziert, nahm die Reihe der Porträts die pompöse Atmosphäre des Pavillons auf und hinterleuchtete sie im Gegenzug ziemlich bissig vermöge der ästhetischen Dürftigkeit der uniformen fotografischen Lexikonabbildungen „ohne eigenen künstlerischen Stil“.[46] Mit fabelhaftem Gespür für das Zusammenspiel von Malerei und Architektur inszenierte Richter ein optisches und emotionales Pingpong. Seither ist der 1938 von den Nazis im Dekor veränderte Pavillon umstritten. Viereckige Pfeiler hatten die ionischen Säulen ersetzt und ein Marmorfußboden das einstige Parkett. Und vor jeder neuen Biennale wird seither der Abriss gefordert.

Ausstellungen in renommierten deutschen und ausländischen Museen und in führenden internationalen Galerien des Kontinents, zu denen inzwischen auch die deutschen gehörten, in denen Richters Bilder zuerst zu sehen waren, schlossen sich an. Das Palais des Beaux-Arts, Brüssel, räumte ihm 1976 die erste Retrospektive ein. Bei der *documenta* in Kassel ist er seit 1972 ständiger Gast. In New York eröffnete

Konrad Fischer gemeinsam mit Gian Enzo Sperone, dem bekanntesten italienischen Avantgarde-Händler, und Angela Westwater eine Galerie und stellte Richters Bilder dem US-amerikanischen Publikum vor. Anerkennung also auf der ganzen Linie, ein Gefühl, das Richter hoch veranschlagte.

Nicht alles verlief nach Wunsch. Der kommerzielle Erfolg seiner Arbeiten fiel trotz *documenta 5* (1972) und Biennale enttäuschend aus – dabei hielt er die Preise seiner Bilder über Jahre hinaus maßvoll. Die materiellen Lebensumstände gestalteten sich schwierig, nachdem er einen Exklusiv-Vertrag mit der Galerie Friedrich von 1966, der ihm ein regelmäßiges Monatseinkommen garantierte, beendet hatte. Richter fühlte sich künstlerisch eingeschränkt. Um keinen Preis wollte er für den Markt arbeiten.[47] Eine staatliche Professur versprach solide soziale Sicherheit bei geringerer Abhängigkeit, und der Künstler akzeptierte 1971 einen Ruf an die Düsseldorfer Kunstakademie.

Außerdem hatte die Kunstszene New Yorks verstört auf seine fotografischen Bilder reagiert. Spektakuläre Verkäufe – Fehlanzeige. In Sonderheit stieß sie sich an der Vorliebe für den unaufhörlichen Wechsel der Bildstile. Das widersprach ihrer Vorstellung von künstlerischer Identität, Handschrift und Ernsthaftigkeit. Mit seinen abstrakten Bildern Jahre später erzielte er bei der amerikanischen Kunstkritik und den Sammlern schließlich den nachhaltigen und umso gewaltigeren Erfolg. Privat schlichen sich Misshelligkeiten ein. Das Verhältnis zu seiner Frau Ema erhielt Risse und zerbrach im Frühjahr 1979 offiziell. Sein enger Freund Blinky Palermo verstarb überraschend am 17. Februar 1977 während eines Urlaubs auf den Malediven.

Rheinlandschaft, 1984 (CR 550-3)
Öl auf Leinwand, 100 x 140 cm
Privatsammlung

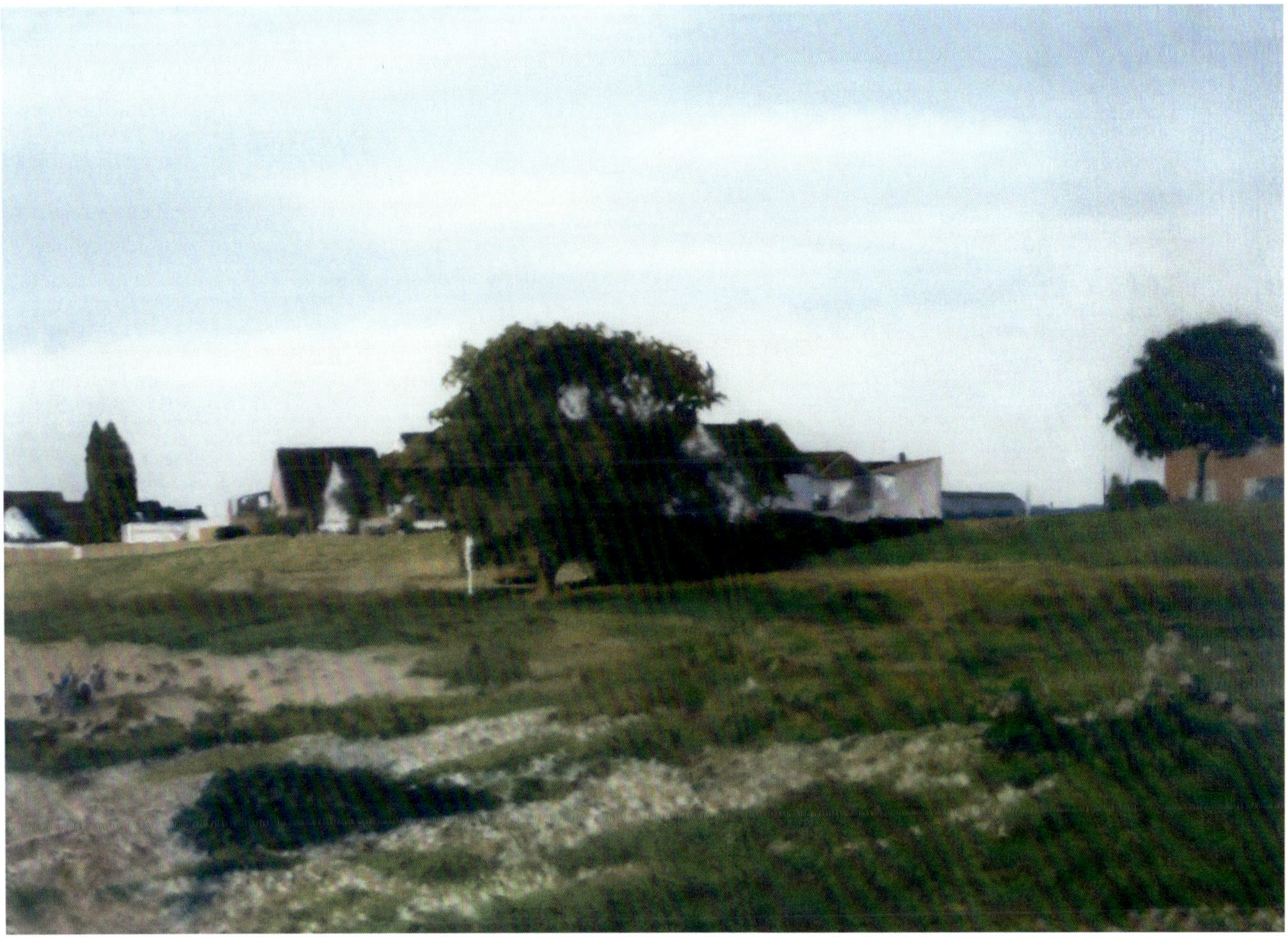

Abstraktes Bild, 1984 (CR 568-2)
Öl auf Leinwand, 200 x 180 cm
Privatsammlung

In dieser Zeit startete der Kunstmarkt seinen einzigartigen Höhenflug. Ausdruck des wachsenden Zuspruchs für die „progressive" zeitgenössische Kunst. Deren soziales Prestige mehrte sich kontinuierlich, unterstützt durch den Rückhalt der Kunstkritik und die steigende Anzahl ihrer Ausstellungen in Museen. Die Preise kletterten Marge um Marge. Auch die Museen in Deutschland bauten ihre Zurückhaltung gegenüber der zeitgenössischen Kunst ab und stellten Räume für ständig wechselnde Ausstellungen bereit. Sie eiferten den amerikanischen und niederländischen Museen nach. Die Kunstkritik in der westlichen Welt verzeichnete eine Blütezeit.

Begünstigt wurde dies durch die allgemeine politische und ökonomische Gemengelage. Die Verdichtung der wirtschaftlichen Verflechtungen innerhalb West-Europas und die Intensivierung des internationalen Handels und Exportbooms von Gütern aus (west-)deutscher Produktion bescherten auch den Mittelschichten der Kriegsverlierer einen bis dahin unbekannten Wohlstand. Die weltweit einsetzende

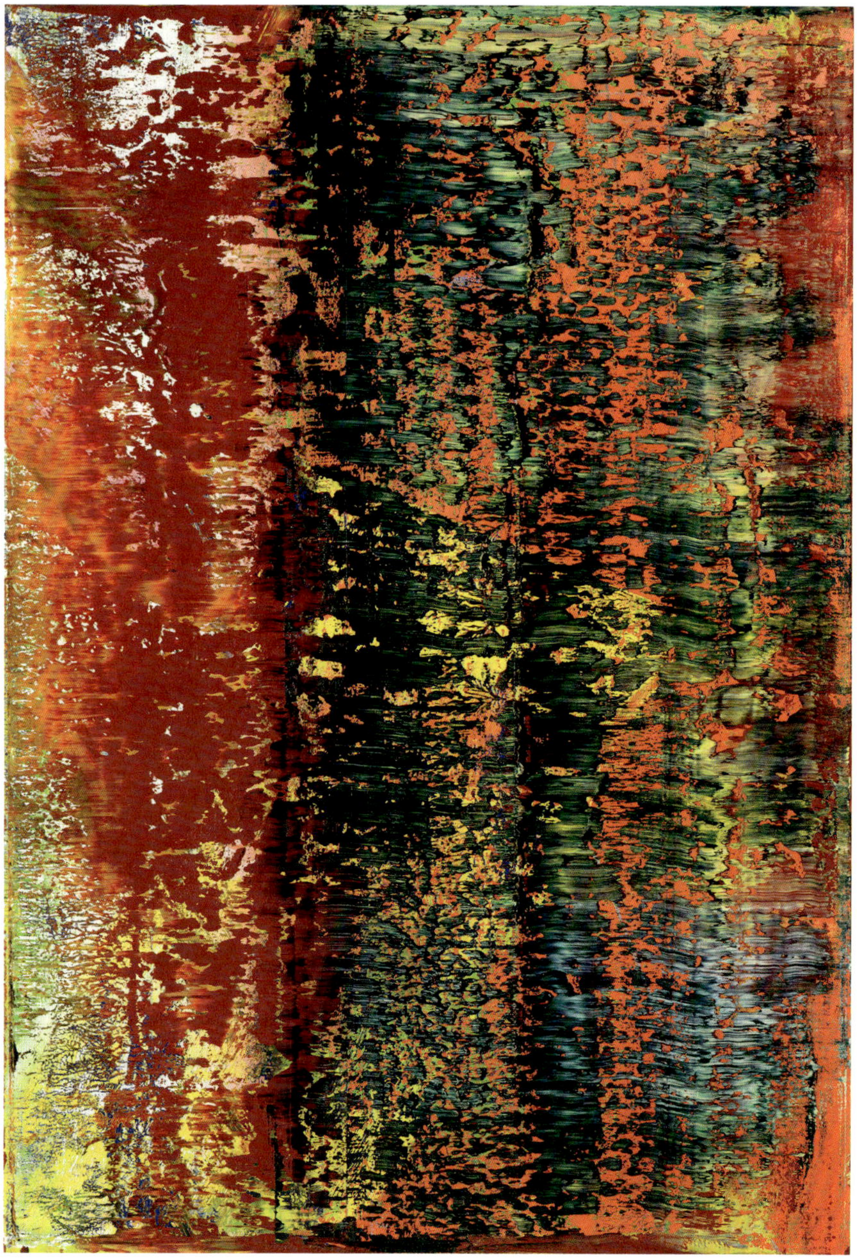

A B, Brick Tower, 1987 (CR 643-1)
Öl auf Leinwand, 200 x 140 cm
Privatsammlung

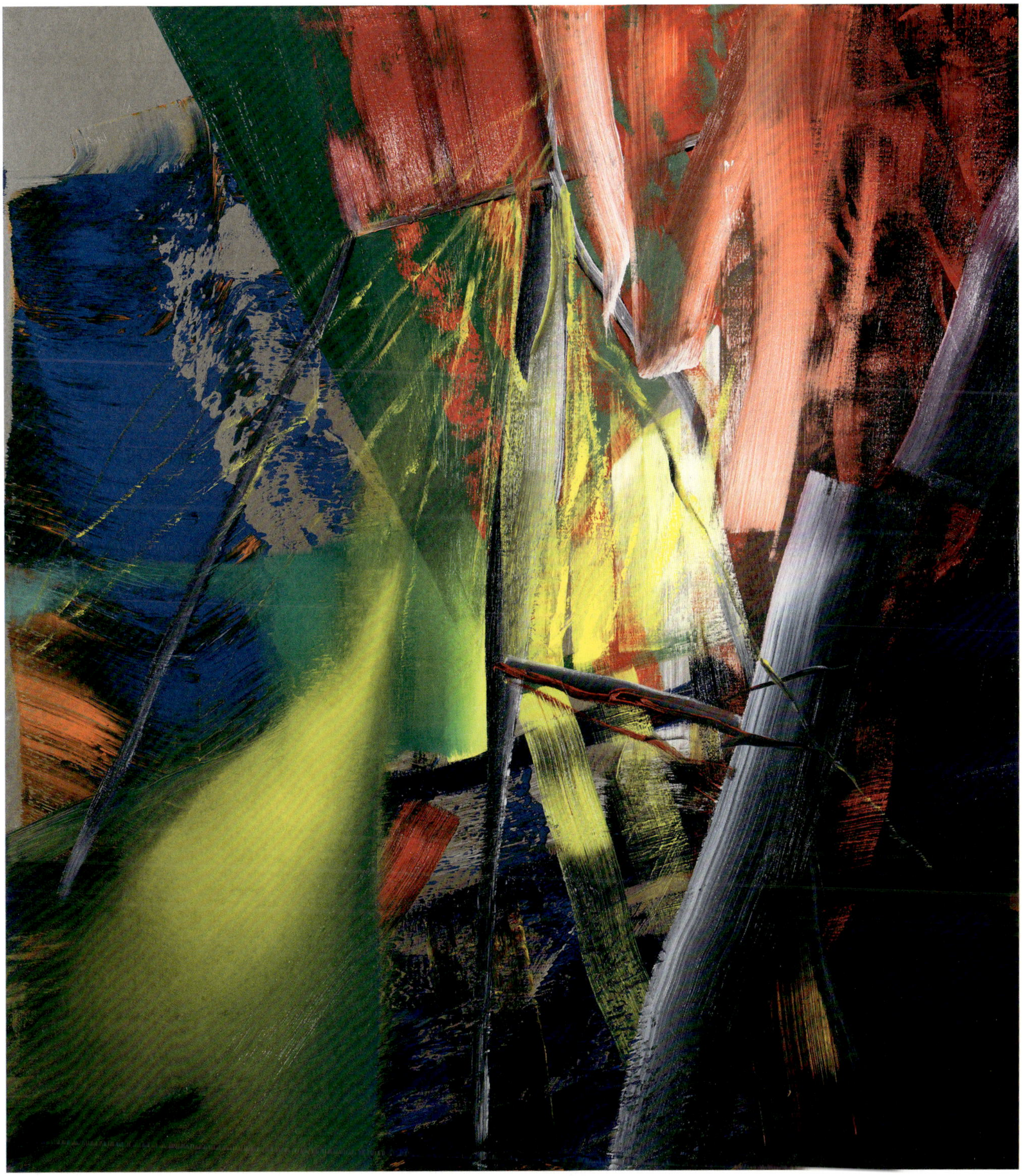

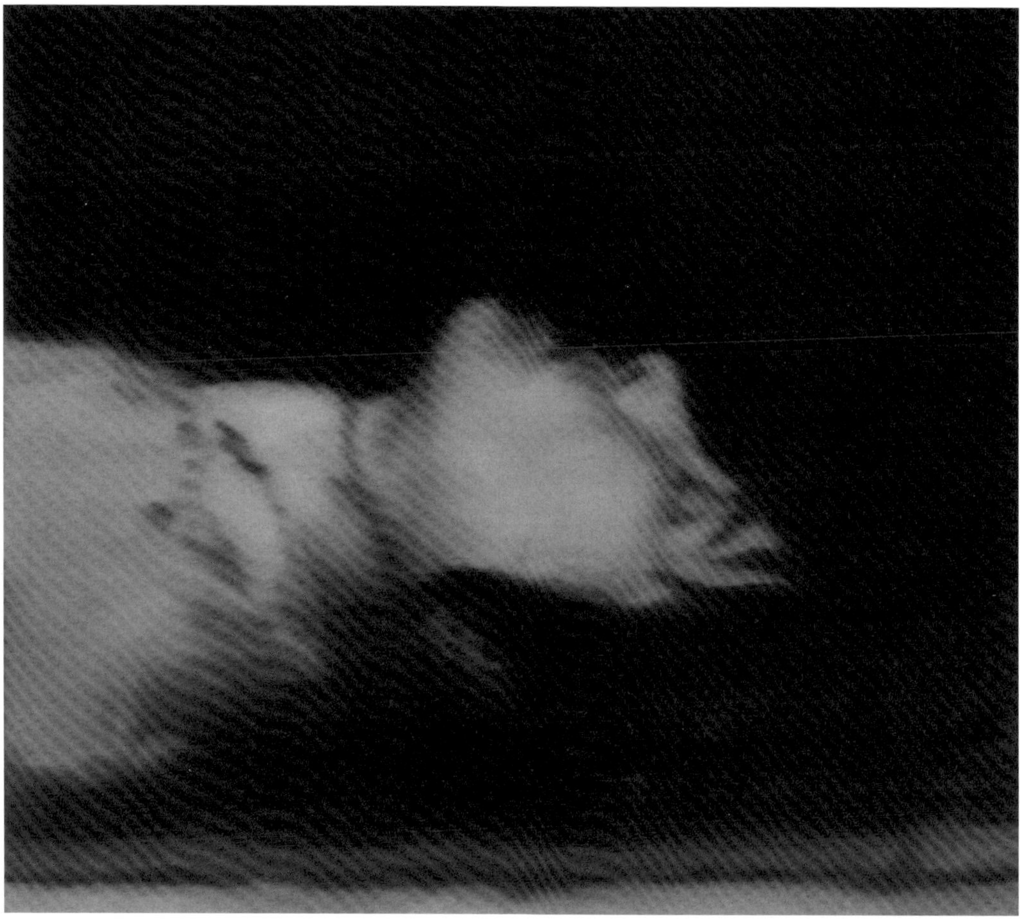

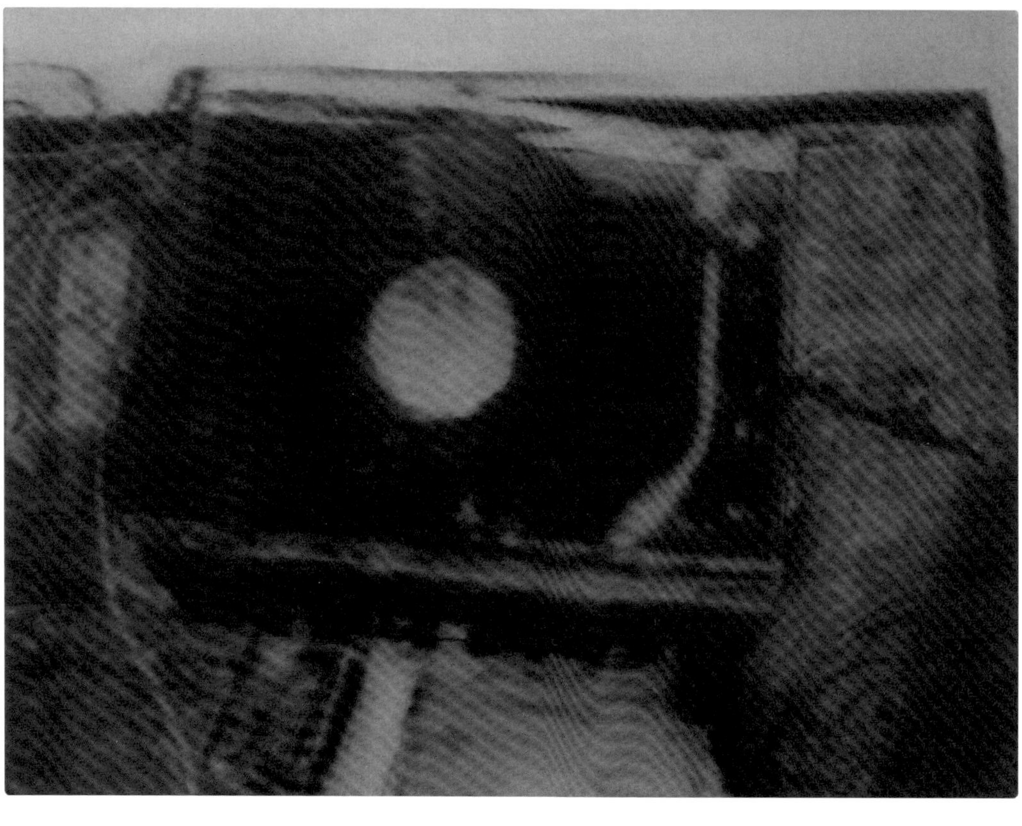

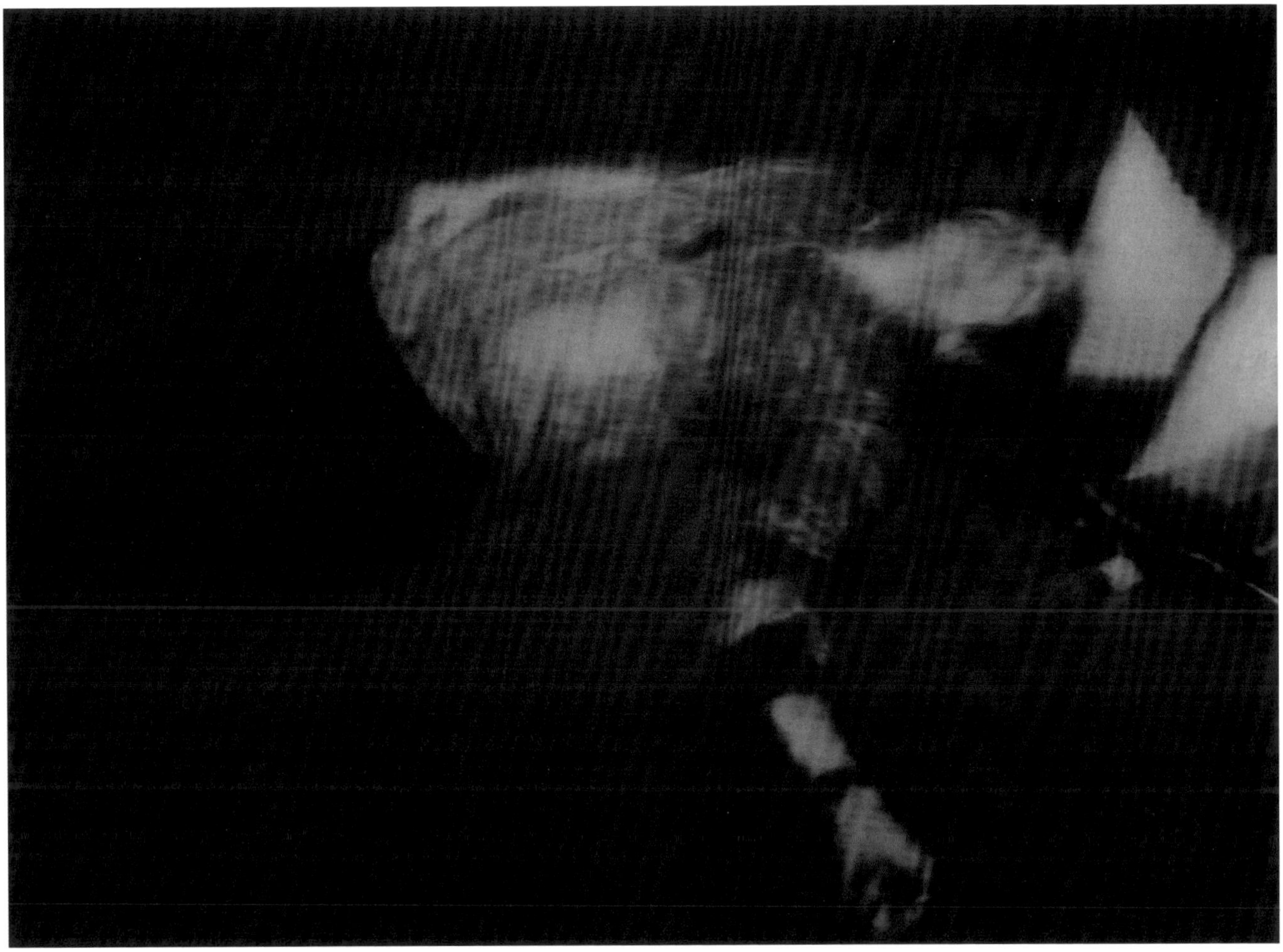

Entspannungspolitik, die zwar die politischen Divergenzen zwischen West und Ost nicht eliminieren konnte, schuf die politischen Voraussetzungen für die ökonomischen Erfolge. Steigende Staatseinkünfte erlaubten eine bessere Alimentierung der Kultur seitens der öffentlichen Hand für Ankäufe, Ausstellungen und Museen der Gegenwartskunst. Der kürzlich noch akute Protest der jungen Generation gegen die Verhältnisse mündete – von Ausnahmen abgesehen – in institutionelle Bahnen.

Landschaften, Darstellungen von Kerzen, isoliert oder im Verbund, sowie großformatige abstrakte Bilder in leuchtenden Farben bestritten Richters künstlerische Praxis in der achten Dekade des 20. Jahrhunderts. Frühere See- und Wolkenbilder setzte er mit farbigen Landschaften aus der näheren Umgebung Düsseldorfs fort. Manche in romantischem Touch, die Majorität spröder. Der grüne Bewuchs der unebenen Wiesen eroberte sich in diesen Werken die Bildfläche bis zur Horizontlinie und über sie hinaus. Ihre fotografische Basis verleugnen die Landschaften nicht; nicht die zugänglichen und nicht die abweisenden. Das Fotografische hat die Fähigkeit, entweder romantische Sentiments bis zum Kitsch zu steigern oder kühle Nüchternheit ins Bild zu tragen. Richters überlegene Farbregie sorgt für eine prekäre Balance zwischen Bildfläche und Bildraum und relativiert den fotografischen Anteil. Er veranschaulichte, wie hoch die Einbußen moderner Landschaftsmalerei an nuanciertem Empfindungsreichtum sind, verglichen mit der romantischen Bildauffassung. Die offensichtlichste Eigenschaft seiner Landschaften ist eine gewisse emotionale und objektivierende Leere. Die Bilder bieten keinen Fluchtpunkt für

Erschossener 1, 1988 (CR 669-1)
Öl auf Leinwand, 100 x 140 cm
New York, The Museum of Modern Art

SEITE 58 OBEN
Tote, 1988 (CR 667-1)
Öl auf Leinwand, 62 x 67 cm
New York, The Museum of Modern Art

SEITE 58 UNTEN
Plattenspieler, 1988 (CR 672-2)
Öl auf Leinwand, 62 x 83 cm
New York, The Museum of Modern Art

die empfindsame Seele. Auf seinen Bezug zur Romantik angesprochen, entgegnete er, ihm fehle das geistige Fundament, auf dem die romantische Malerei beruhte. „Wir empfinden nicht mehr die ‚Allgegenwärtigkeit Gottes in der Natur'. Für uns ist alles leer."[48] Die brennenden Kerzen, einige gemeinsam mit einem Schädel, vor flachen, neutralen Hintergründen, gemalt mit außerordentlicher Meisterschaft in verhaltenen Farbtönen, unterstreichen als Aufrufe zur Kontemplation das „Memento mori" in Richters Kunst. Wohingegen die magistralen, in prächtigen Farben – Rot, Gelb, Blau und Grün – schwelgenden abstrakten Bilder und ihr kontrastreiches Bildgeschehen anscheinend die konträren künstlerischen Positionen verkörpern. Das weitgefächerte Spektrum seiner Arbeit gemahnt an das Auf und Ab im Rhythmus der Natur: zwischen Aufbruch und Niedergang, zwischen Geburt und Tod.

Andererseits signalisieren die abstrakten Bilder von nun an einen signifikanten Einschnitt in seinem künstlerischen Werk. Dass sich die Dinge in Richters Privatleben zum Positiven veränderten, hat ihn vielleicht ermuntert, das ihm kaum vertraute künstlerische Terrain der Abstraktion systematisch zu erkunden. Er heiratete 1982 die Künstlerin Isa Genzken, die er Anfang der 1970er-Jahre kennengelernt und nach der Trennung von Ema wiedergetroffen hatte. Sie war seine Schülerin gewesen. Der Künstler sagte Düsseldorf Adieu und zog ins benachbarte Köln. Mit der Etablierung des jährlichen Kunstmarktes, dem Zuzug zahlreicher Kunstgalerien, einer weitsichtigen lokalen Kulturpolitik und der Ansiedlung des umfangreichsten Teils der Sammlung Ludwig aus Aachen, die binnen kurzer Zeit zur bedeutendsten

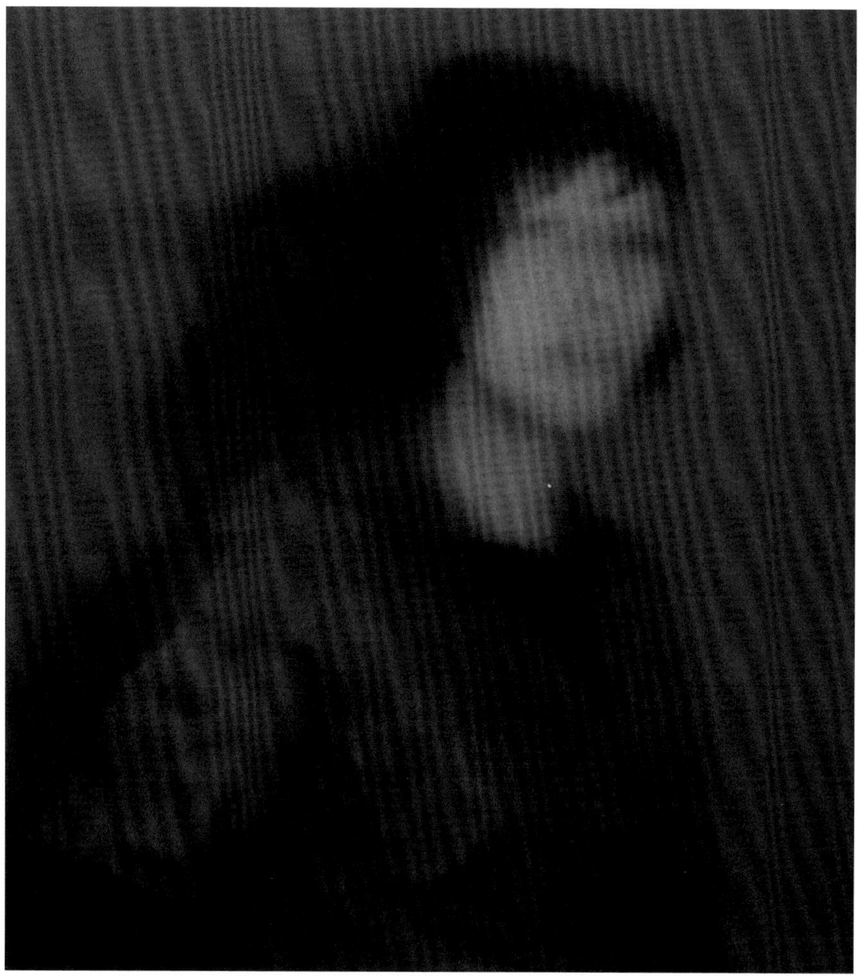

Gegenüberstellung 1, 1988 (CR 671-1)
Öl auf Leinwand, 112 x 102 cm
New York, The Museum of Modern Art

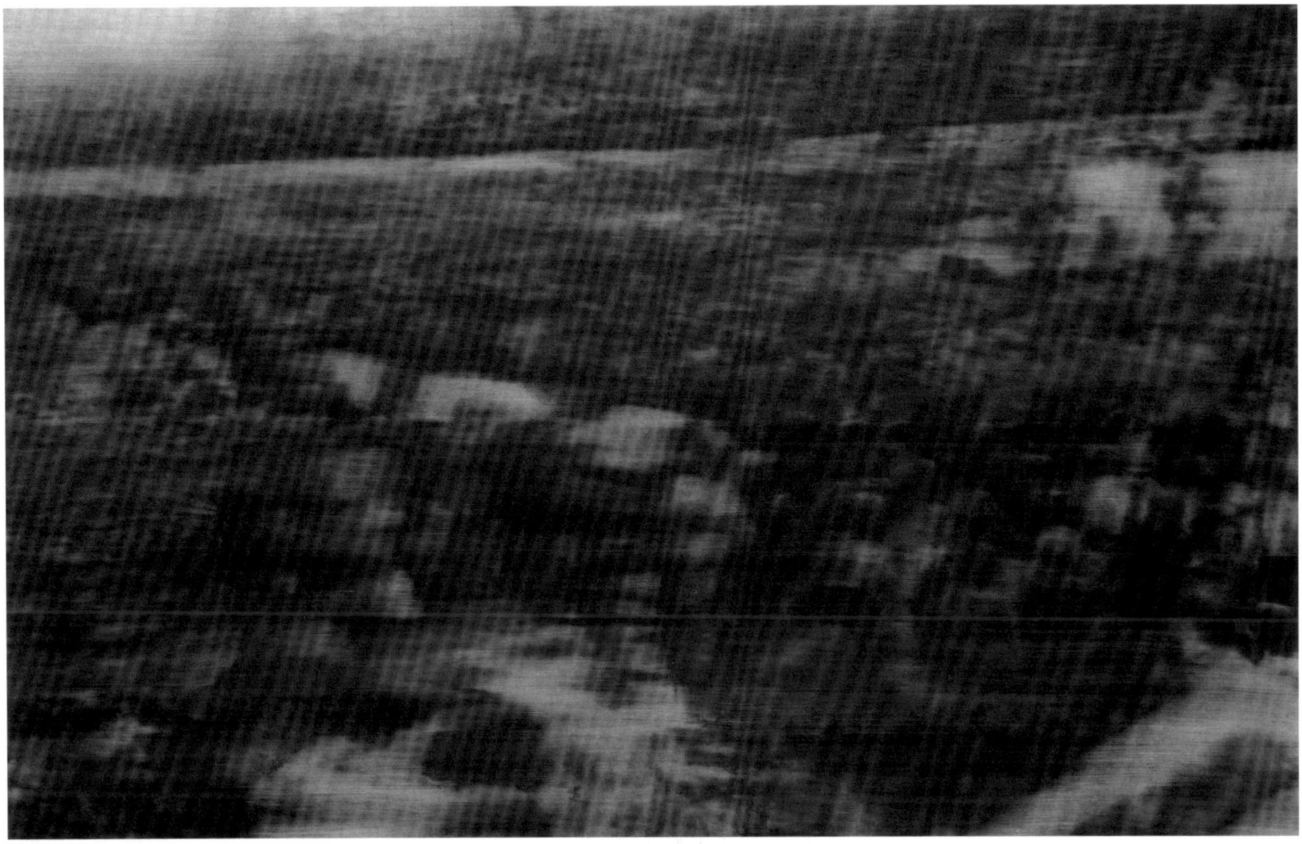

Beerdigung, 1988 (CR 673)
Öl auf Leinwand, 200 x 320 cm
New York, The Museum of Modern Art

Sammlung der Gegenwartskunst mit Schwerpunkt Pop Art in Deutschland geworden war, hatte sich Köln vorübergehend zum europäischen Gegenpart New Yorks als Zentrum zeitgenössischer Kunst aufgeschwungen. Dass sich Richters künstlerisches Interesse von den fotografischen zu den abstrakten Bildern verlagerte, hatte aber auch pragmatische Ursachen. Ihm gingen die Themen aus. Für andere schien die Zeit noch nicht reif. Zehn Jahre dauerte es demnach, bis er entschied, den Suizid der rechtskräftig als Terroristen verurteilten Baader-Meinhof-Gruppe mit einem Zyklus schwarz-weißer fotografischer Bilder unter dem Titel *18. Oktober 1977* künstlerisch zu verarbeiten. In seinem Fundus hatten sich zufällig und gezielt Bilder des Ereignisses angesammelt. Was nahelegt, dass er eine malerische Behandlung stets erwogen hat. Gefragt, welche Bilder er am Ende ausgewählt hat, sagte der Künstler: „Eigentlich habe ich gerade die nicht-malbaren Bilder gemalt. Die Toten."[49] Ursprünglich habe er an etwas Großes, Umfassendes gedacht. „Dann hat sich das aber ganz anders entwickelt, eben zum Tod hin. Und das ist eigentlich gar nicht so unmalbar, im Gegenteil. Tod und Leid waren ja schon immer ein Thema der Kunst. Es ist ja sowieso das Thema, das haben wir uns erst heute abgewöhnt, mit unserer netten Lebensweise."[50]

Aber noch 1988 stach Richter mit der Realisierung des Projektes in ein Wespennest. Die RAF hatte durch Entführungen, Überfälle, Attentate und Morde in Deutschlands Westen eine blutige Spur gelegt und ein Trauma hervorgerufen. Ihre Mitglieder sahen sich als Revolutionäre, die meisten Deutschen sahen sie als Verbrecher. Sie repräsentierten jenen Zweig des politisch-sozialen Protestes der Jugend zehn Jahre zuvor, der einen gewaltsamen politischen Umsturz anstrebte, um die Verhältnisse zu ändern, während andere den „Marsch durch die Institutionen" antraten und den Staat künftig als Funktionsträger repräsentierten. Richter war kein Sympathisant

Grauer Spiegel, 1992 (CR 765-6)
Farbig beschichtetes Glas, 53 x 63 cm
Schweiz, Privatsammlung

Spiegel, grau, 1991 (CR 735-1)
Farbig beschichtetes Glas, gerahmt, 280 x 165 cm
Nantes, Musée des Arts de Nantes

der Baader-Meinhof-Gruppe, die von amtlicher Seite als Bande apostrophiert wurde. Doch aus nachvollziehbaren Gründen berührte den Künstler ihr Schicksal. Auch wenn deren ideologische Verblendung und die daraus resultierenden Gewalttaten seinen Abscheu hervorriefen. „Es ist Trauer", begründete er seinen Entschluss, über ihren Tod einen Bildzyklus zu realisieren, „aber ich hoffe, man sieht, dass es Trauer um Menschen ist, die so jung und so sinnlos gestorben sind, für nichts."[51]

Der Zyklus *18. Oktober 1977* ist als moderne Abwandlung der verblichenen Historienmalerei eingestuft worden. Kein völlig abwegiges Urteil. Dennoch schlägt sich in allen Bildern die faktische Unmöglichkeit nieder, eine Historienmalerei im Zeitalter der technologischen Bildmedien mit besseren Möglichkeiten zu regenerieren. So ähnelte die Aufgabe, der sich Richter unterzog, jener bei der Bildfolge der *Verkündigung nach Tizian*. Das Resultat seiner malerischen Arbeit ist jedoch vielschichtiger. Die gleichmäßigen Verwischungen anonymisieren die Gesichter der jungen Menschen. Der Tod überschattet sie und macht sie annähernd gleich. In der fein austarierten Unschärfe reflektiert sich die widersprüchliche Erinnerung an die Toten. Deren personale Identität versinkt in den imaginären Tiefen des Bildraumes. Nur die Malerei ist es, die den nachhaltigen Eindruck und die Trauer bewirkt. Ihre nichtfarbige Farbigkeit reiht Richter in die Phalanx der großen Meister des „Schwarz" ein, von Frans Hals über Francisco de Goya bis zu Édouard Manet.

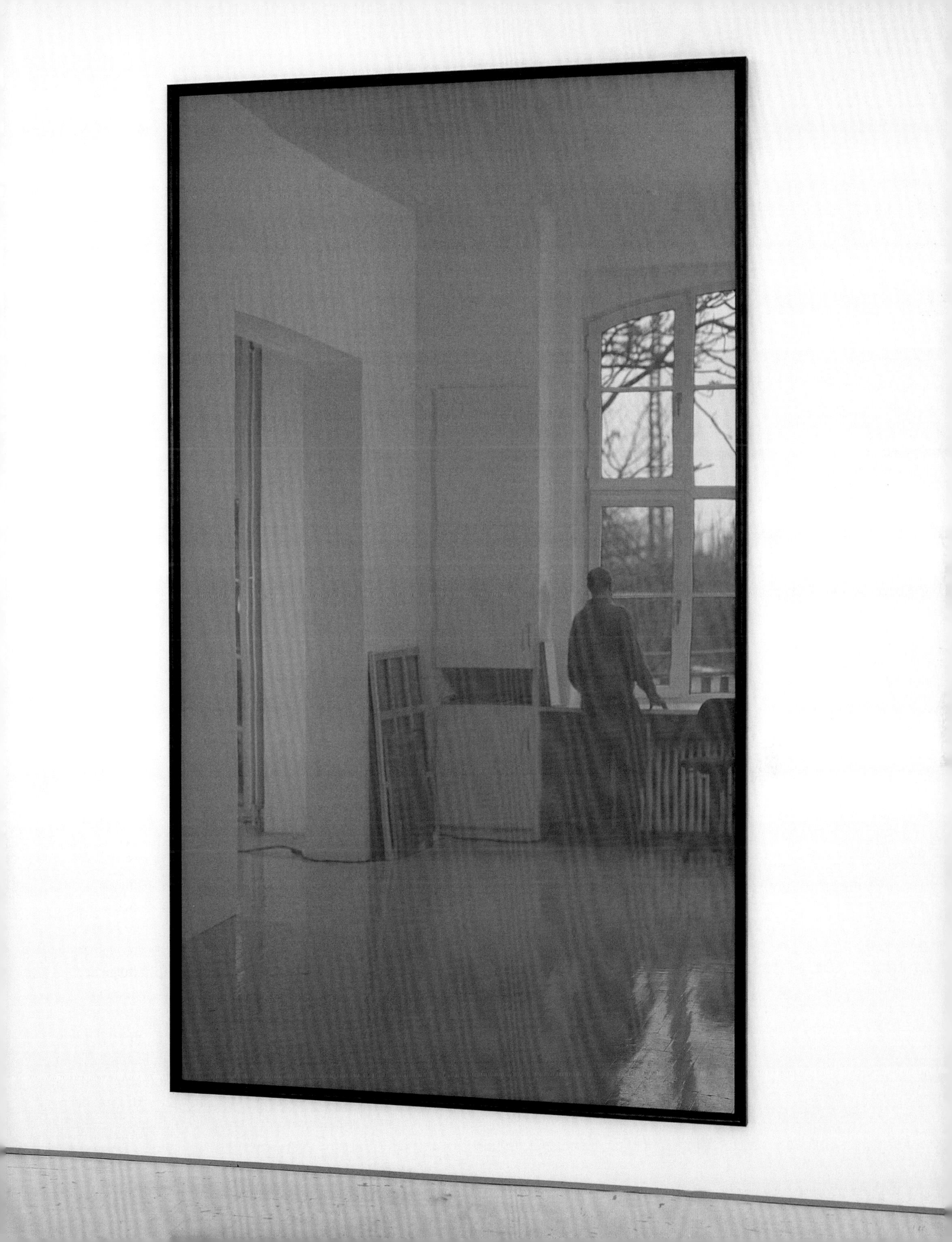

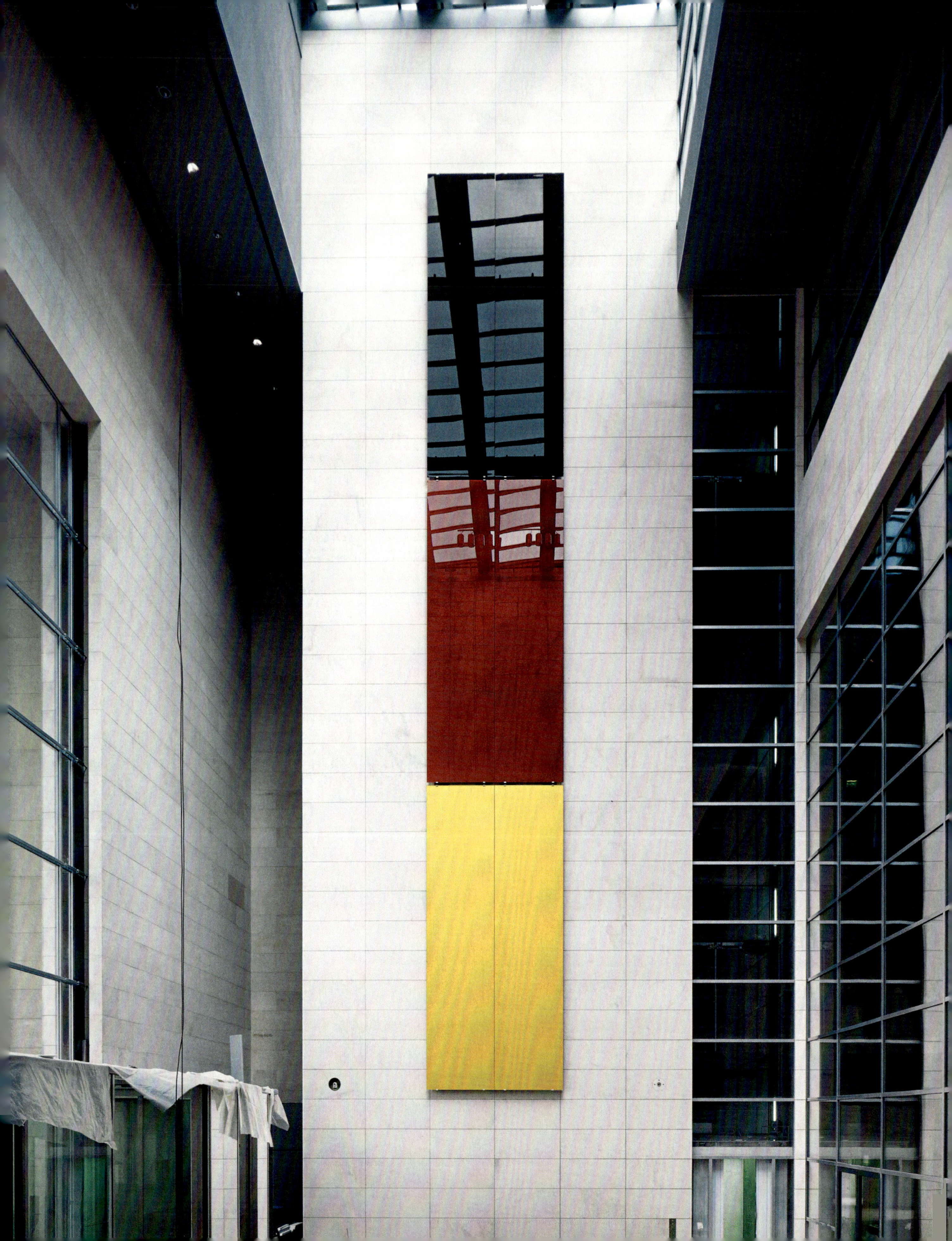

„Wozu ich mich entscheide, wächst im Kopf und durch den Körper.“[52]

Schwarz, Rot, Gold sind die Farben der deutschen Flagge – und auch der Titel eines magistralen Bildes von Gerhard Richter. Entstanden kurz vor der Jahrtausendwende. Das Bild gibt wieder, was der Titel verheißt. Die drei Farben sind in gleichen Anteilen Gegenstand des Bildes. Wer würde auf den Gedanken verfallen, die Frage nach seiner Identität aufzuwerfen? In dem Sinne: Ist es ein Bild oder eine Flagge? Jene Frage, die angesichts von Jasper Johns' *Flag* (1955), das „Stars and Stripes“ zum Thema hatte, den ästhetischen Diskurs einmal befeuert hat. Richters Bild ist ein exzentrisches Hochformat von 20 Metern (2043 x 296 cm) und weist drei hochrechteckige Felder aus emaillierten Glasplatten mit rückseitig aufgebrachtem Schwarz, Rot und Gold auf. Weder das Material noch das Format wecken Assoziationen an eine Flagge.

Andererseits ist der Platz des Bildes nicht irgendwo, sondern es befindet sich dauerhaft im Reichstagsgebäude zu Berlin, wo der deutsche Souverän, der Bundestag, seinen Sitz hat. Obwohl das Werk außer den Farben keinen sichtbaren Bezug zur deutschen Flagge hat, verleiht ihm der Ort seiner Platzierung die politische Bedeutung. In einem Museum in Frankreich oder den USA wäre es lediglich eine außer-gewöhnliche Farbfeld-Malerei. Johns' *Flag* dagegen gerät im Kunstkontext zum Rätsel.

Wie häufig in seinem Werk sind es Faktoren jenseits der Sphäre der Kunst, die Richters Bildern eine über ihre Autonomie hinausreichende Dimension verleihen. Meistens ist es der Ort. Wie das Museum of Modern Art in New York beim Zyklus *18. Oktober 1977*, das die Bilder durch seinen Erwerb aus dem Bann des deutschen Kollektivgedächtnisses löste; oder der deutsche Biennale-Pavillon in Venedig, der die Porträtparade der Wissenschaftler und Künstler zu einem Panoptikum machte; oder *Schwarz, Rot, Gold*, das im Reichstag die demokratische Tradition beschwört. Die Farbtrias hatte die erste frei gewwählte deutsche Volksvertretung 1919 zu den Land-esfarben erklärt. Im Unterschied zu fast allen anderen seiner Bilder verband Richter mit diesem eine feste Absicht: „Ich wollte diese drei Farben so schön wie möglich darstellen – oder herstellen: für den Raum und für den Zweck. Sichtbar und quasi greifbar als dünne Scheibe vor der Wand schwebend, groß und gleichzeitig fragil, und natürlich spiegelnd.“[53]

Wenn er zum Schluss mit ironischem Unterton hinzufügt, man soll das emaillierte Glas „nur ab und zu auch mal putzen“,[54] wird klar, dass sich der Selbstbezug dieses modernen Kunstwerkes an einem geschichtsträchtigen Ort nicht in seiner formalen Seite erschöpft. Vielmehr stellt es vor allem eine politische Unabhängigkeitsbekundung

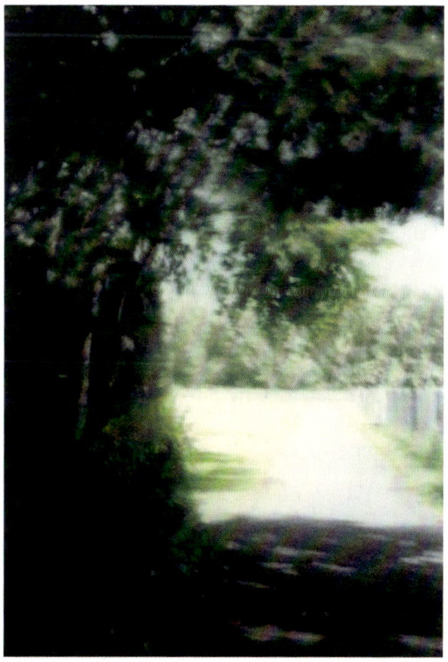

Sommertag, 1999 (CR 859-1)
Öl auf Leinwand, 117 x 82 cm
Wien, Albertina (Dauerleihgabe einer Privatsammlung)

Schwarz, Rot, Gold, 1999 (CR 856)
Farbig emailliertes Glas, 2043 x 296 cm
Berlin, Deutscher Bundestag

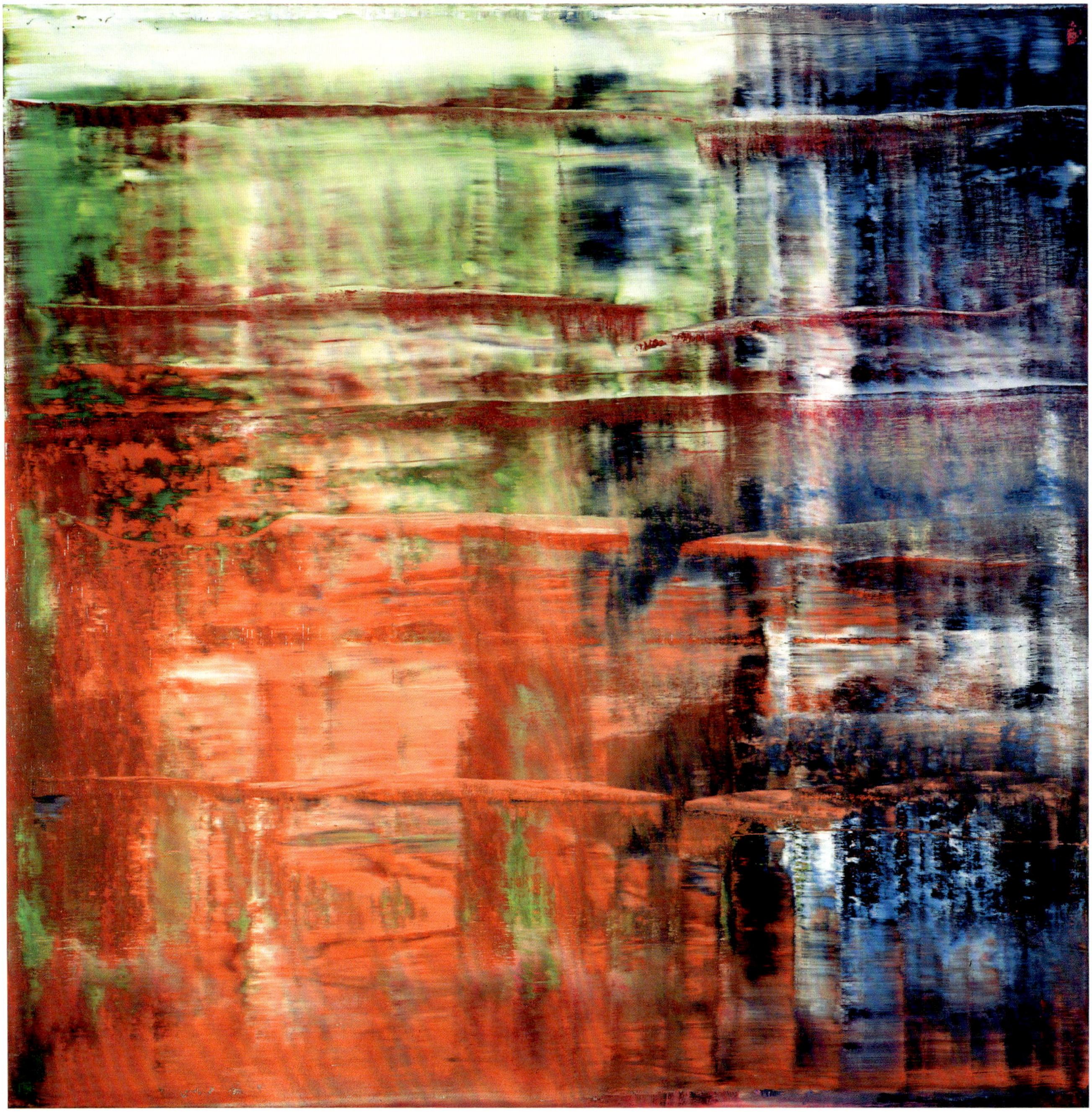

Bach (1), 1992 (CR 785)
Öl auf Leinwand, 300 x 300 cm
Stockholm, Moderna Museet

gegenüber jeglichen Versuchen dar, es zu instrumentalisieren. An keinem Ort wäre eine solche „Proklamation“ angebrachter als im deutschen Reichstag mit seiner wechselvollen Historie. Hier muss sich *Schwarz, Rot, Gold* tagtäglich gegenüber der vordergründigen Vereinnahmung durch Wähler, Nichtwähler und Gewählte gleichermaßen durchsetzen. Dass das Bild heftige Diskussionen entfachte, ist Teil seiner „Mitteilung“. Manifest nicht zuletzt dank der Spiegelung, die eine dialogische Situation – konkret zwischen Bild und jeweiligen Betrachtern – herstellt. Doch die latente Gefahr, dass das Bild beschmutzt wird, ist immer vorhanden.

Richter erreichte am Ende des 20. Jahrhunderts den Gipfel seiner künstlerischen Laufbahn: Er war weltberühmt. Die Preise für seine Bilder hatten astronomische

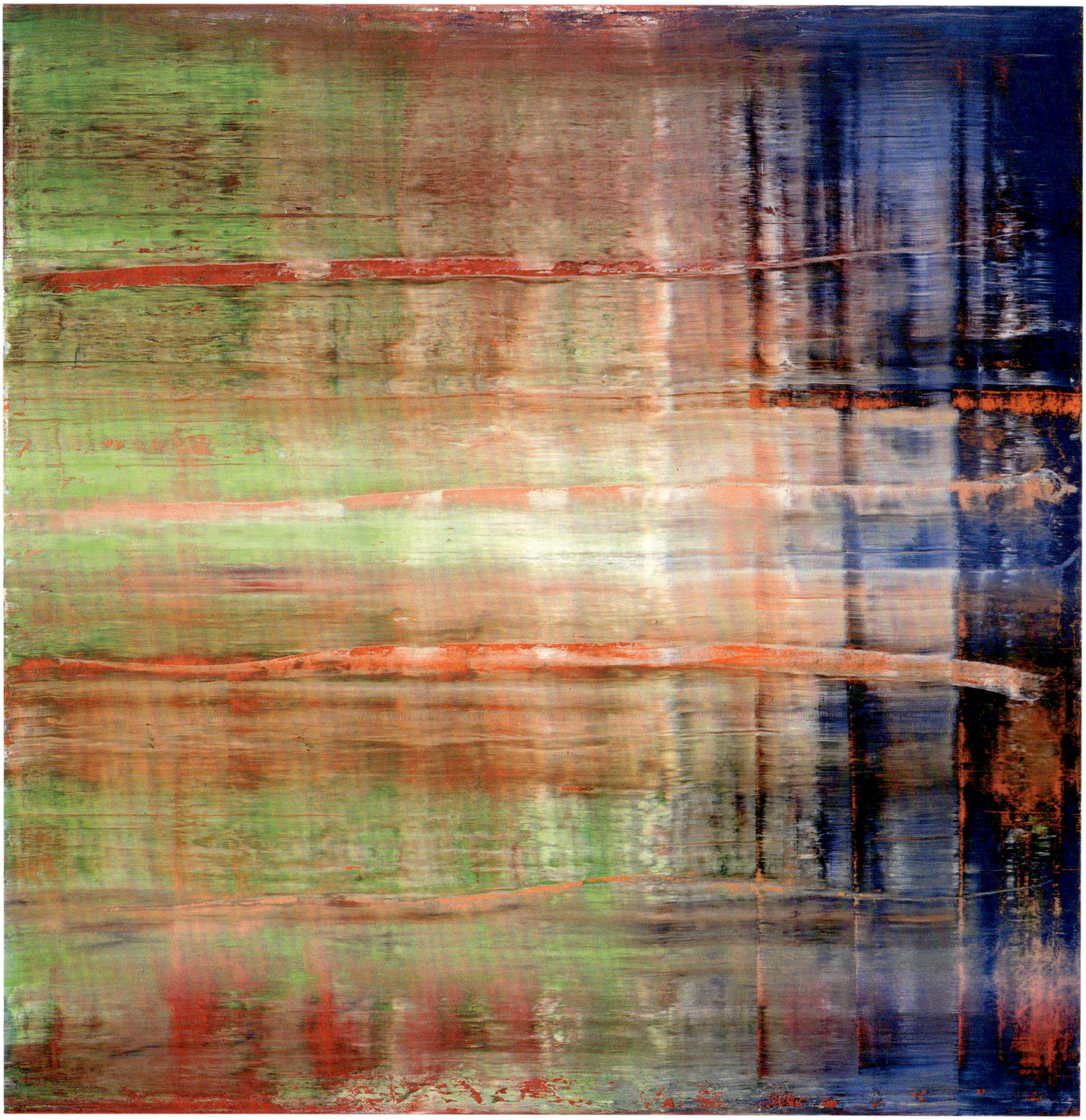

Bach (2), 1992 (CR 786)
Öl auf Leinwand, 300 x 300 cm
Stockholm, Moderna Museet

Höhen erklommen. Das Auktionsgewerbe, das die kommerzielle Flugbahn der zeitgenössischen Kunst beschleunigt hatte, forcierte derweil die Preisbildung stärker als der Kunsthandel. Richters merkantile Interessen in den Zentren des Kunsthandels, New York und London, vertraten seit den 1980er-Jahren die einflussreichen Galerien Marian Goodman und Anthony d'Offay. Regelmäßig zeigten sie Ausstellungen seiner Bilder und spornten die Aufmerksamkeit an. Künstler aus Deutschland, an der Spitze Richter, erfreuten sich einer internationalen Resonanz wie nie. Museen von Ruf organisierten große Ausstellungen ihrer Werke und kauften sie für ihre Sammlungen an. Nachdem sich die konzeptuellen Strömungen in der Kunst vorerst verlaufen hatten, heizten die neo-figurativen und neo-expressiven Richtungen den Umsatz

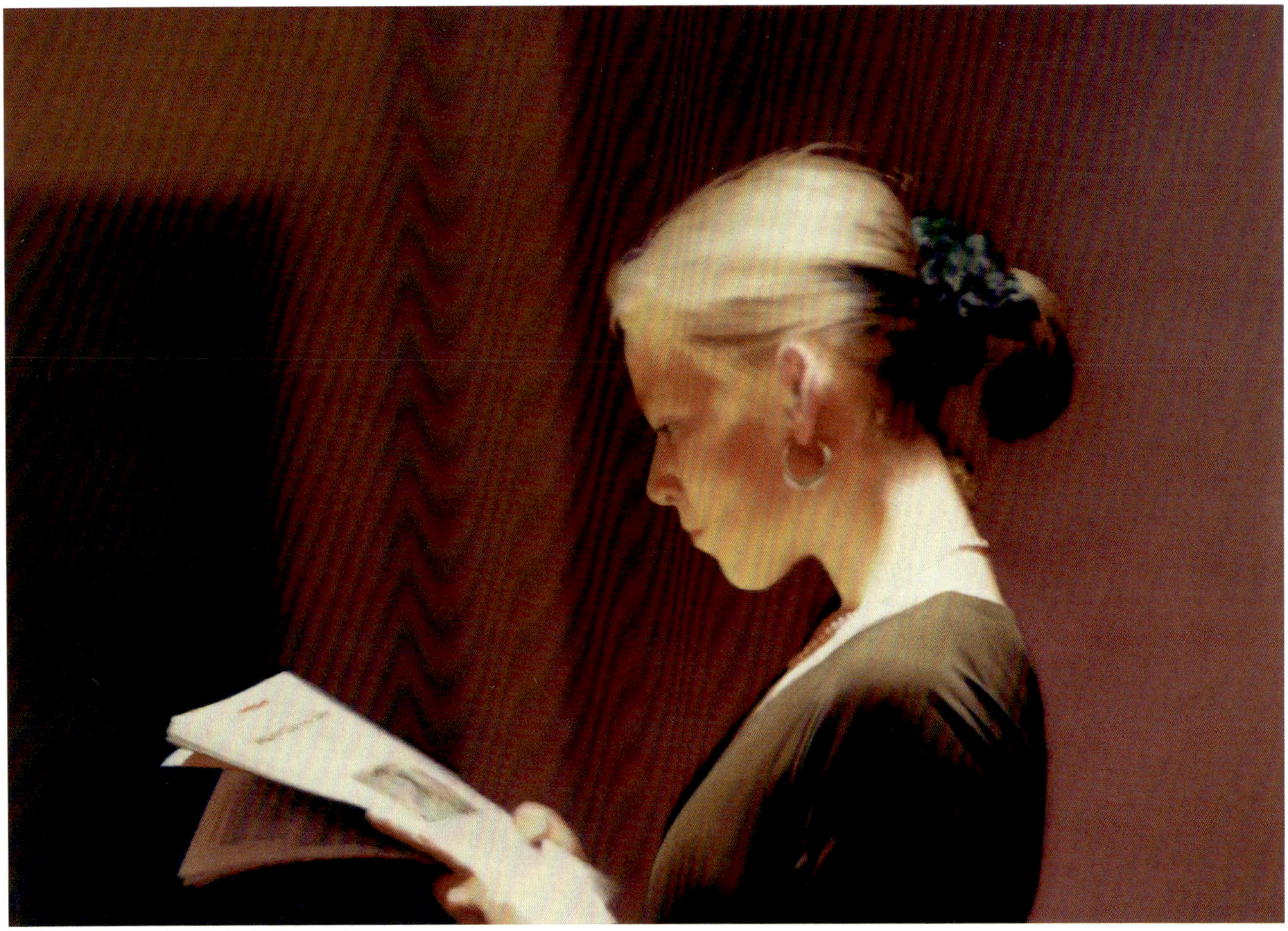

Lesende, 1994 (CR 804)
Öl auf Leinwand, 72 x 102 cm
San Francisco Museum of Modern Art

des Kunsthandels mächtig an und verhalfen der Malerei zu einem unverhofften Revival. Gleichzeitig gehorchte die Kunstszene immer williger den Gesetzen des Showbizz und der Mode. Eine veränderte Mentalität der Klientel zeitgenössischer Kunst sorgte für Rückenwind, und Geld samt Prestige ersetzten die traditionellen bürgerlichen Wertvorstellungen wie Bildung und Kennerschaft.

Richter registrierte die Verwerfungen im Kunstbetrieb, die sich in der grassierenden Aufmerksamkeit für die kommerzielle Seite der Kunstwerke auf Kosten ihres ästhetischen Wertes ausdrückte, mit Widerwillen.[55] In der neo-figurativen und neo-expressiven Malerei vermisste er die künstlerische Substanz. „...zum intellektuellen Maler wurde ich ja nur, weil ich im Kontrast zur Mode stand, und Mode war das dümmliche, witzige, unreflektierte, hässliche Zeug, was sich auf die Schnelle herstellen ließ."[56]

Seine eigene künstlerische Tätigkeit fokussierte sich auf das Malen der abstrakten Bilder. Gelegentlich griff er noch auf Spiegel und Glas als Materialien zurück und verband sie nun mit Farbe, mit sublimem Grau oder kräftigem Rot, Grün-Rot und Braun-Blau oder Schwarz-Rot-Gold. In privatem Auftrag führte er nach der Richtschnur der Farbmusterbilder 1989 ein Glasfenster mit 625 Farben für das Haus Otto in Berlin-Zehlendorf aus.

Seestück, 1998 (CR 852-1)
Öl auf Leinwand, 290 x 290 cm
San Francisco Museum of Modern Art
(Dauerleihgabe der Doris and Donald Fisher Collection, San Francisco)

Wiewohl der Künstler seine gegenstandslosen Bilder im landläufigen Sinne als abstrakte bezeichnet, reihen sie sich keineswegs reibungslos in die Überlieferung der modernen abstrakten Malerei ein. Weder in die Art der Abstraktion, wie Wassily

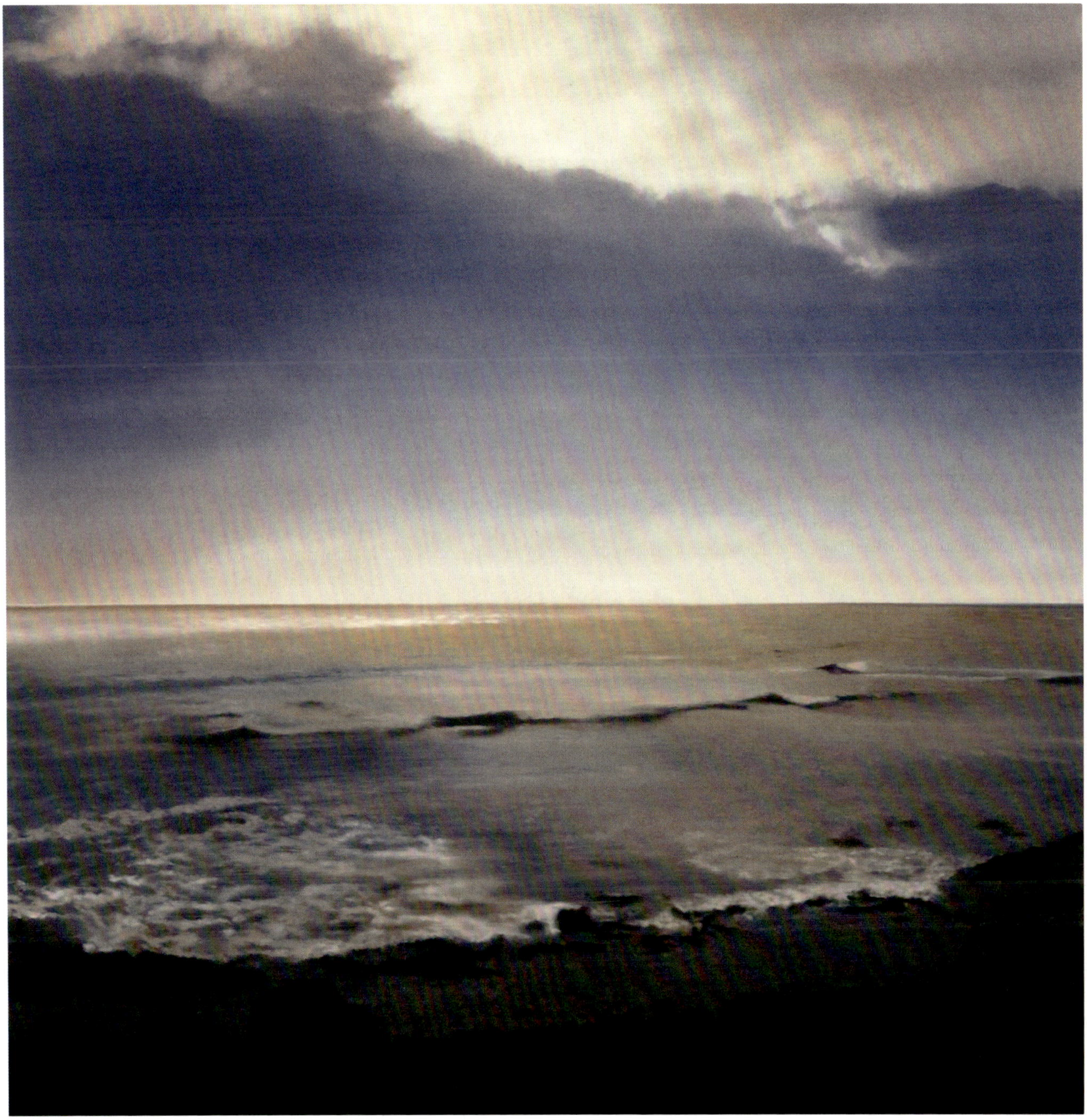

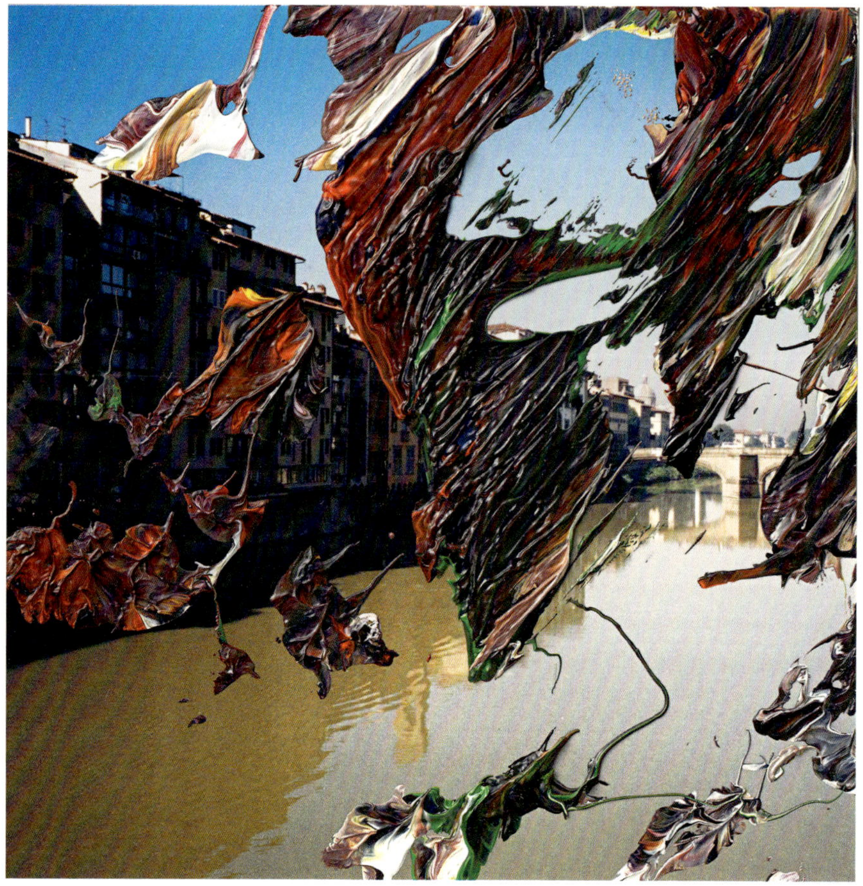

Firenze (29/99), 2000 (EDITION CR 110)
Öl auf Farbfotografie, 12 x 12 cm

Kandinsky und Piet Mondrian sie praktiziert haben, noch in den Kontext des geometrischen Konstruktivismus der Zeit nach dem Ersten Weltkrieg, noch in den Modus, der das Bild als Bildobjekt im Sinne Frank Stellas definiert. Kandinsky und Mondrian hatten von ihren figurativen Seheindrücken abstrahiert und ihre Bilder mit esoterisch-idealistischen Theorien unterfüttert, um sie mit einem spirituellen Nimbus auszustatten. Insofern wurden sie zu Illustrationen eines fragwürdigen Geistigen.[57] Richters Farbmusterbilder sind dagegen Parodien der „spirituellen" Abstraktion. Der Künstler wäre nie auf die Idee verfallen, sie als Widerschein kosmologischer Zusammenhänge zu deklarieren. Doch „... die Parodie ist im Grunde die Form schlechthin des Bruchs durch Kontinuität. Durch die, wie Viktor Šklovskij gezeigt hat, die Neuerer sich von ihren Vorgängern befreien."[58] Demzufolge ist *Schwarz, Rot, Gold* zwar ein Bild in Gestalt eines Objekts. Es untergräbt jedoch die doktrinäre Wucht des Satzes „What you see is what you see" (Frank Stella).

Schon die fotografischen Bilder Richters verfügen über eine schillernde Ambivalenz. Sind die abstrakten also abstrakter als die fotografischen? Gemäß der künstlerischen Konvention sind sie es, weil sie sowohl von den fotografischen Vorlagen als auch von der Realität absehen, die sie vergegenwärtigen. Richters abstrakte Bilder sind weder mit der Fotografie und ihrem Abbildsystem noch mit den optischen Wahrnehmungsgewohnheiten der sichtbaren Realität verknüpft. Vielmehr entwerfen sie eine von ihnen unabhängige, eigengewisse Wirklichkeit. Wobei der Künstler offenbar mit den abstrakten Bildern nicht bloß ein neues künstlerisches Gebiet erkundet, sondern auch eine Sicht auf die Abstraktion ansteuert, die pragmatisch ist und auf Erfahrung beruht. Sie umkreist die vielfältigen Formen und Mechanismen

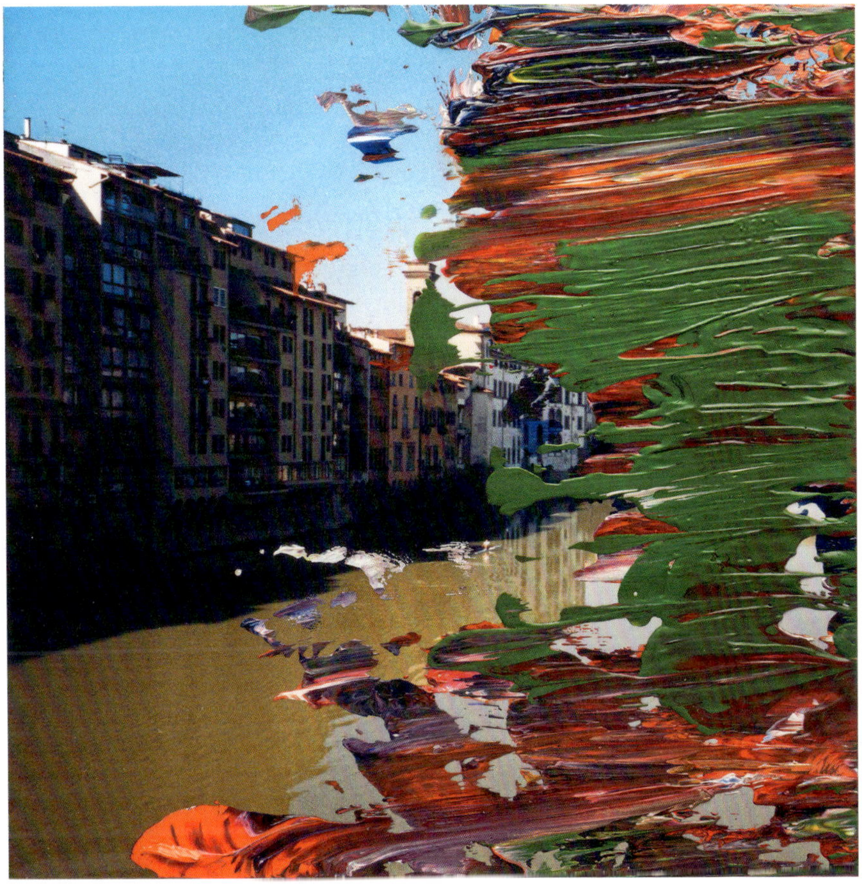

Firenze (94/99), 2000 (EDITION CR 110)
Öl auf Farbfotografie, 12 x 12 cm

der optischen Wahrnehmung. So respektiert sie den gängigen Umgang der Betrachter mit der Abstraktion in der Kunst und scheut sich nicht, sie weiter auszuspinnen. „Die Bilder leben doch von dem Wunsch, etwas darin erkennen zu wollen. Sie zeigen an jeder Stelle Ähnlichkeiten mit realen Erscheinungen, die sich dann aber nicht richtig einlösen lassen. [...] Das wird eigentlich viel zu selten gesehen, dass Bilder von dieser seltsamen Mechanik leben. Sie bieten Ähnlichkeiten an, die wir zuordnen wollen. Sie erinnern immer an irgendetwas, sonst wären es gar keine Bilder."[59] Der Künstler kratzt an der These der Autonomie des abstrakten Bildes und billigt ihm mimetische Qualitäten zu. Damit promoviert er die Betrachter zu Co-Autoren der Bilder mit dem Appell, die (auch ihm) verborgenen „Ähnlichkeiten" zu entdecken.

Richter begab sich auf die Spur der „seltsamen Mechanik" des Verlangens, das, was sich vor Augen kristallisiert, aber noch ohne Namen und Begriff ist, zu erkennen. Seine Suche konkretisierte er mit Hilfe einer Unmenge von malerischen Techniken, üblichen und ungewöhnlichen. Zu seinen Techniken zählen schichten, verwischen, vermalen, abkratzen und übermalen. Ausgeführt mit einer Vielzahl von malerischen Instrumenten. Kleinen und großen Pinseln, Bürsten, Spachteln, Rakeln sowie überdimensionalen Spachteln. Letztere werden häufig den verschiedenen Bildformaten angepasst und verteilen die Farbe großflächig und gleichmäßig über die Leinwand. Ohne Farbe können sie die schon aufgetragene zerrupfen und eine darunterliegende Farbschicht hervorholen. Sämtliche Prozeduren entspringen den praktischen Erwägungen des malerischen Prozesses und werden vom jeweiligen, noch unfertigen Zustand der Bilder animiert oder erzwungen.

September, 2005 (CR 891-5)
Öl auf Leinwand, 52 x 72 cm
New York, The Museum of Modern Art

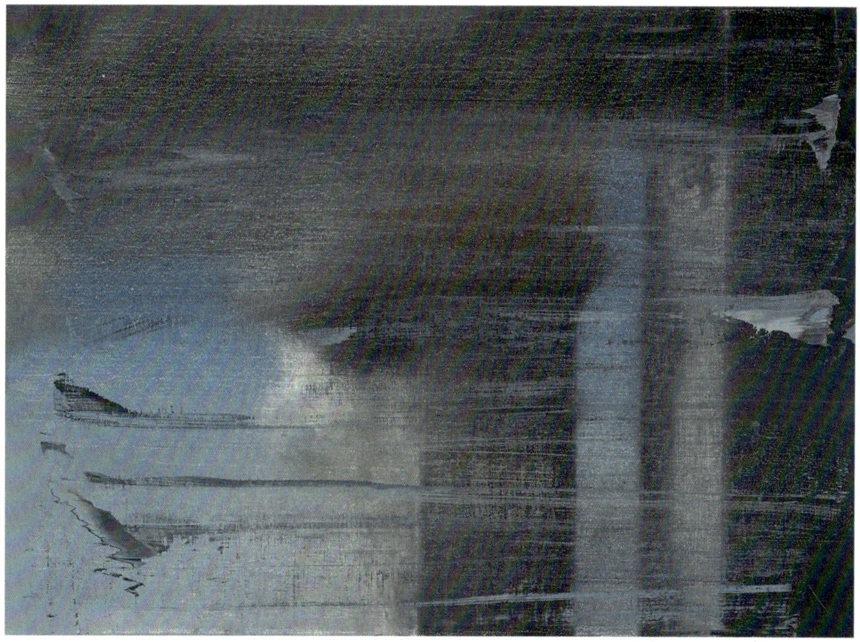

„Das jeweilige Bild soll sich [...] aus einer malerischen oder visuellen Logik entwickeln, sich wie zwangsläufig ergeben. Und indem ich dieses Bildergebnis nicht plane, hoffe ich, eher eine Stimmigkeit und Objektivität verwirklichen zu können, die eben ein beliebiges Stück Natur (oder ein Readymade) immer hat."[60] Richters abstrakte Bilder entstehen buchstäblich. Nichtsdestotrotz ist die scheinbare Selbstständigkeit des Verfahrens seiner abstrakten Bilder kein natürlicher, sondern ein künstlerischer Vorgang. Selbst wenn der Künstler bisweilen seine Ohnmacht angesichts der Eigengesetzlichkeit des malerischen Vollzugs beklagte. Das Resultat ist eine Synthese zwischen dem „Gemacht-Haben und dem Geworden-Sein".[61] Gefiltert durch die langen kulturellen und künstlerischen Erfahrungen des Malers. Er hat das Verfahren derart verinnerlicht, dass es ihm zur zweiten Natur geworden ist.

Nach den abstrakten Bildern auf fotografischer Basis (seit 1978) sind die expressiv-gestischen der 1980er-Jahre mit ihren strahlenden Rot- und Gelbtönen Ausdruck der errungenen Souveränität im Reich des Abstrakten. Im Akkord oder im Kontrast mit gedämpftem Grün und Ocker entfalten sie eine mitreißende Kraft. Nicht nur die leuchtenden Farben sind die Quelle, sondern auch das heftige Gegeneinander der offenen Farbformen. Sie sind flüchtig, verfestigen sich kaum, wie im Stadium des unaufhörlichen Werdens befangen. Die Formen bewahren anders als im fotografischen Schnappschuss ihre Vitalität. Die heftigen vertikalen und horizontalen Farbverläufe rufen imaginäre Bildräume auf, in denen die perspektivische Ordnung der klassischen Malerei zusammenbricht.

In den nachfolgenden Bildern scheinen die fluiden Formgebilde zu zersplittern; mal in kompakter, mal in lockerer Formation, bald scharf, bald weich konturiert, während sich die Farben verdunkeln. In *A B, Brick Tower* (1987) vermindert sich die räumliche Illusion der gestischen Bilder zugunsten des Eindrucks einer flachen Ebene, in der Grund und Oberfläche des Bildes sich verweben. Die Bewegungen der senkrechten Farbsäulen durchkreuzen waagerechte Gegenbewegungen. Farbsplitter blitzen auf, und Farbschlieren bilden sich. Das Bild gehört zu den Wegbereitern der Arbeiten in den 1990er-Jahren mit ihrem lockeren, ruhigeren All-Over-Gefüge ohne alle Form- und Farbhierarchien.

Silikat, 2003 (CR 885-1)
Öl auf Leinwand, 290 x 290 cm
Düsseldorf, Kunstsammlung Nordrhein-Westfalen

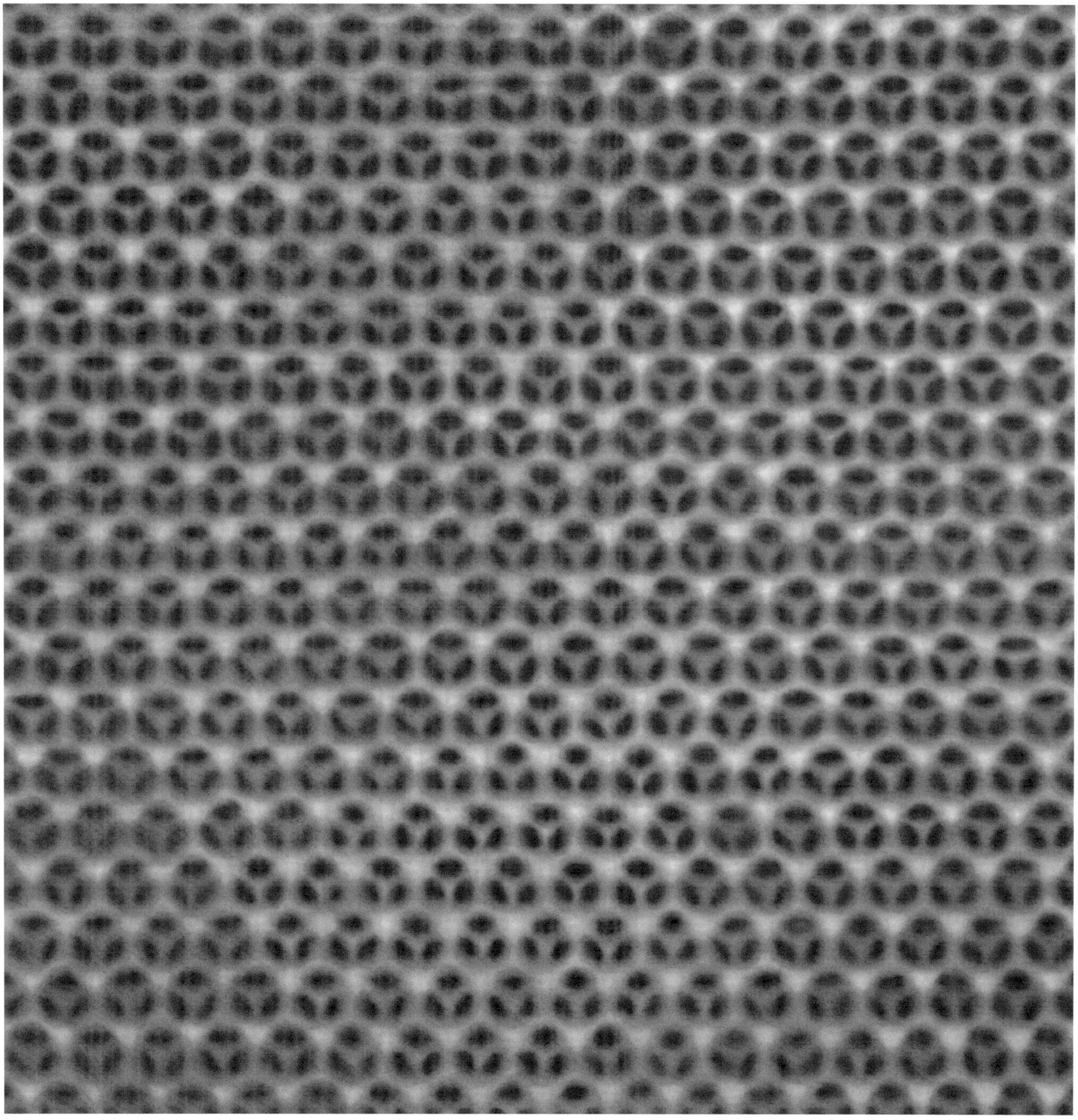

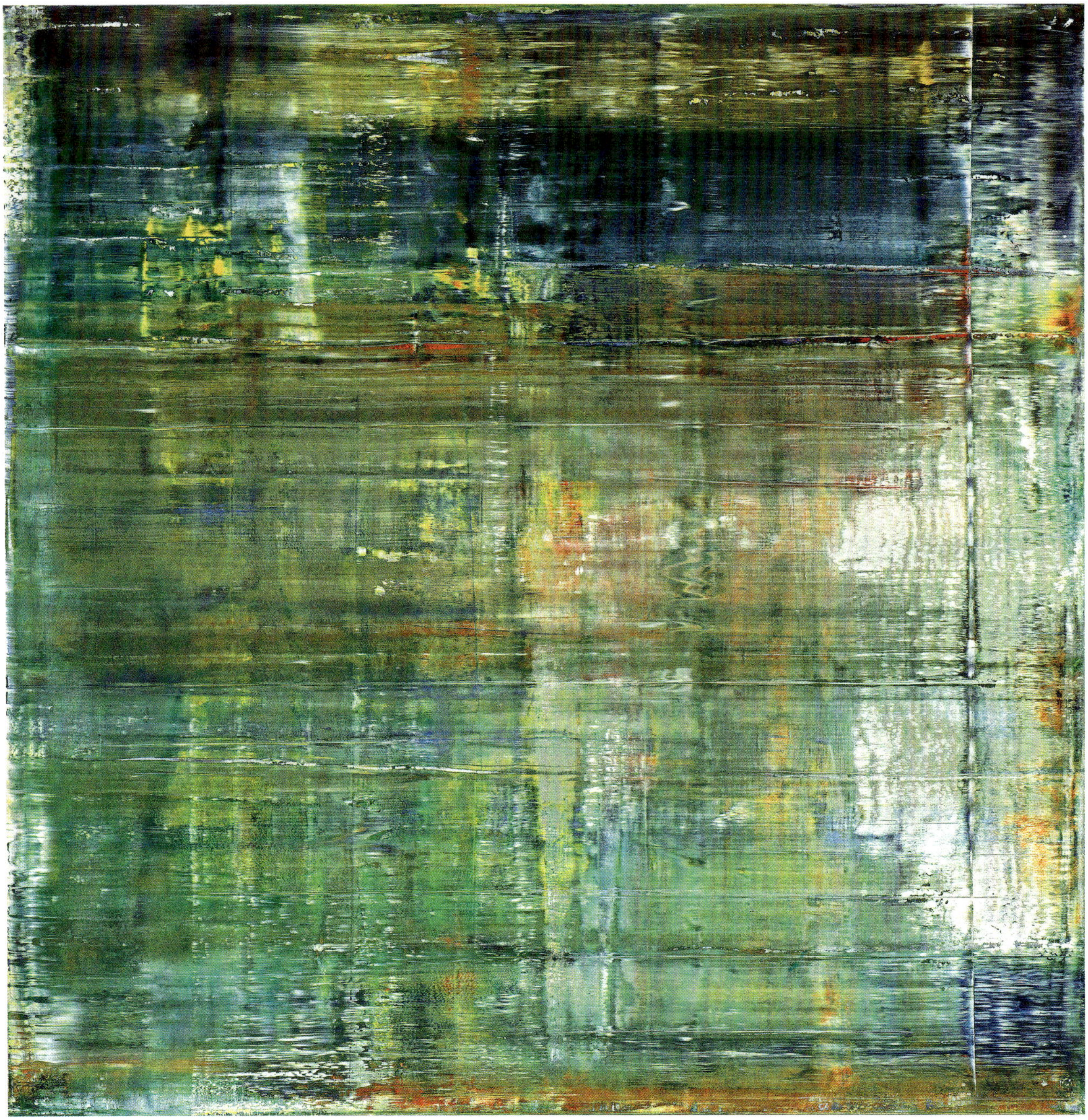

Cage 1, 2006 (CR 897-1)
Öl auf Leinwand, 290 x 290 cm
London, Tate Modern
(Leihgabe einer Privatsammlung)

Analog verhält es sich mit dem Herstellen der Bilder. Der Künstler arbeitet an mehreren zugleich. Er beginnt, indem er mit einem breiten Pinsel Farbe aus einem Eimer in ruhigen Schwüngen über die präparierte Leinwand streicht. Er ergänzt das Bild sparsam mit anderen Farben, bis sich ein Bildgefüge ergibt, das oberflächlich an ein Produkt des Abstrakten Expressionismus erinnert. Doch dieser Zustand ist nur die Grundlage für den folgenden und entscheidenden künstlerischen Eingriff. Sobald er erreicht ist, setzt ein Arbeitsgang ein, der sich jeder Kontrolle verweigert.

Es ist auch der Augenblick, wo ein Werkzeug zur Anwendung kommt, das Richter erdacht und entwickelt hat. Eine Art überdimensionaler Mischung aus Rakel und Spachtel, mit dem er die Leinwand bearbeitet. Das Gerät ist durchweg auf die Höhe

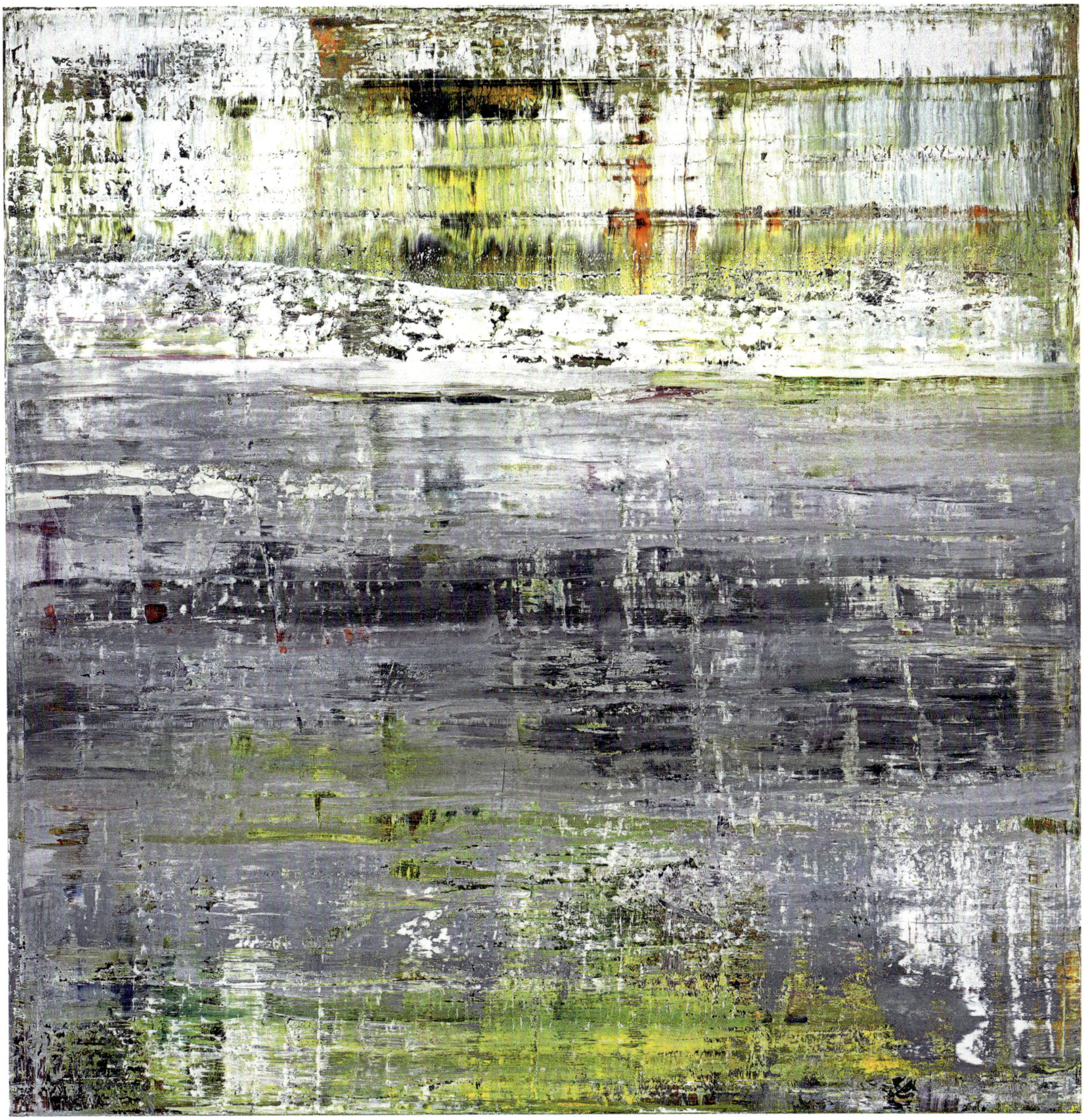

Cage 2, 2006 (CR 897-2)
Öl auf Leinwand, 300 x 300 cm
London, Tate Modern
(Leihgabe einer Privatsammlung)

und ein zweites auf die Breite der äußeren Maße der Leinwand zugeschnitten. Es besteht aus einem rund 20 bis 30 Zentimeter breiten Plexiglas, auf das er Farbe aufträgt – oder auch nicht. Seiner Handhabung dient ein Handlauf über die gesamte Länge des Spachtels. Das sperrige Instrument drückt der Künstler von ganz links oder von ganz oben auf die nasse Leinwand und schiebt oder zieht es mit unterschiedlichem physischen Andruck über die gesamte Bildfläche oder ausgewählte Partien.

Nach Abschluss der kraftraubenden Prozedur hat sich das Aussehen der Leinwand von Grund auf verändert. An Stelle des schwungvollen Gewoges von Farbbändern beherrschen nun verschieden ausgeprägte waagerechte oder senkrechte Bewegungsspuren die Bildfläche. Sie vereinen sich zu einem ungemein differenzierten

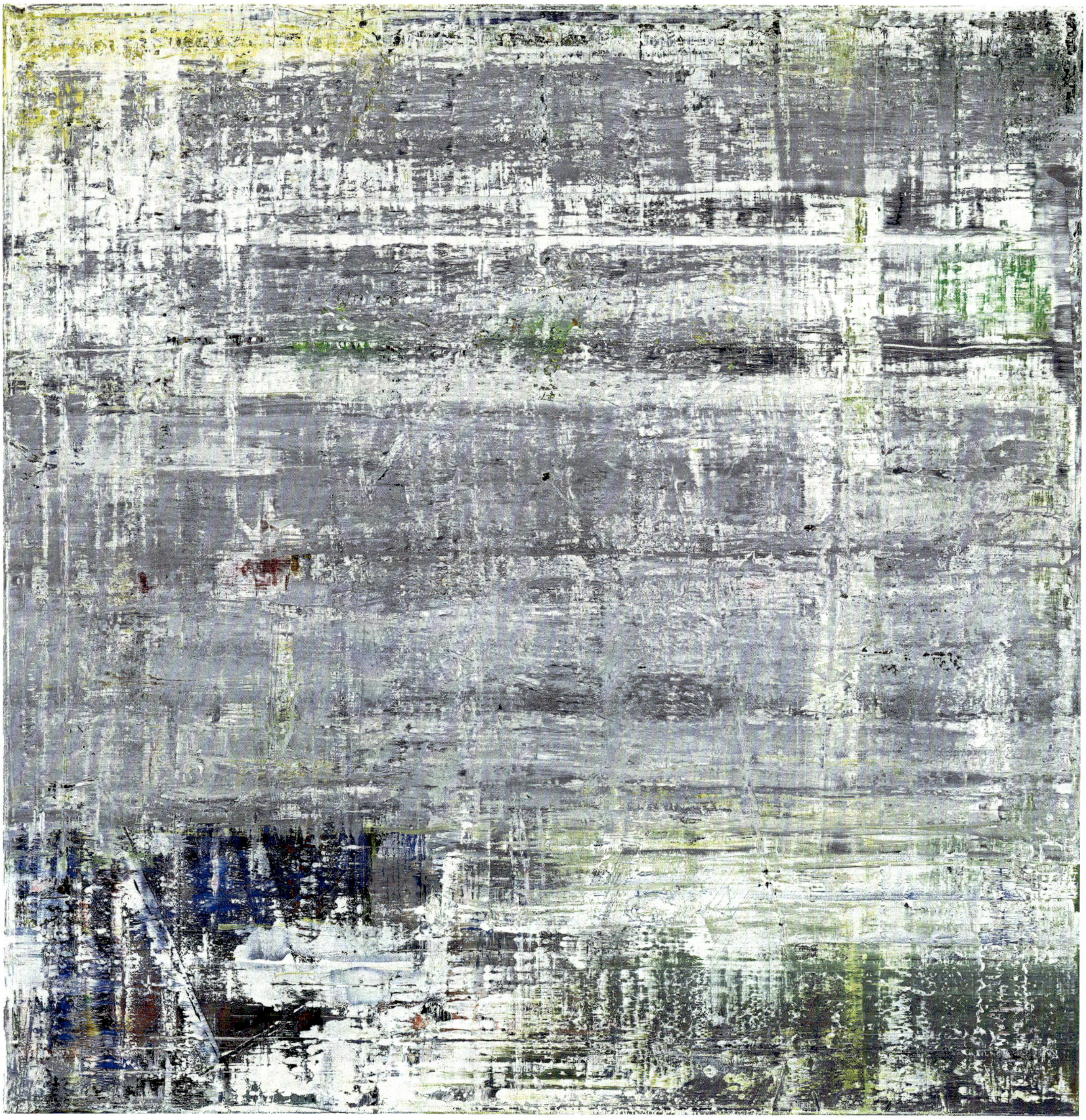

Cage 3, 2006 (CR 897-3)
Öl auf Leinwand, 290 x 290 cm
London, Tate Modern
(Leihgabe einer Privatsammlung)

Flächenbild, dessen Farben und Räume einander durchdringen und nicht verorten lassen. „Das Bild", so Gaston Bachelard, „unterliegt nicht mehr der Herrschaft der Dinge, aber auch nicht mehr den Schüben des Unbewussten. Es schwebt, es fliegt, unermesslich, in der Freiheitsluft eines großen Gedichtes."[62] Richter strengt lieber Vergleiche mit der Musik an und betitelt die Bilder gerne nach den Namen von Komponisten wie *Bach 1* und *Bach 2* (1992) oder seinen meisterhaften Zyklus als *Cage 1* bis *6* (2006).

Plastischer als Bachelard vermag man die Wirkung von Bildern dieses Typus nicht in Worte zu fassen. Falls sie gelungen sind. Dass sie gelingen, ist nicht gewiss. Dank seiner extremen Erfahrung kann der Künstler zwar vorsorgliche Maßnahmen

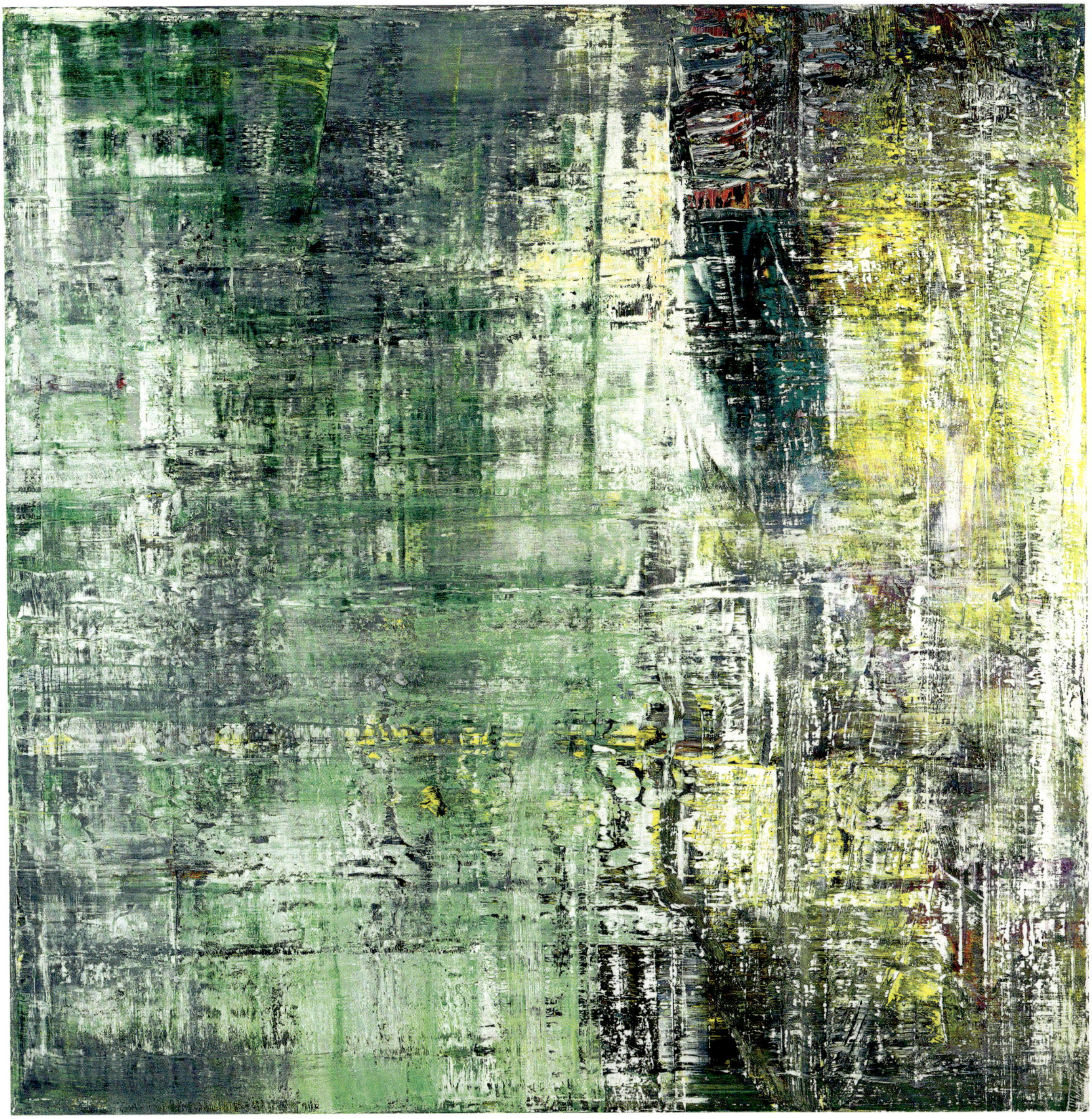

Cage 6, 2006 (CR 897-6)
Öl auf Leinwand, 290 x 290 cm
London, Tate Modern
(Leihgabe einer Privatsammlung)

treffen, um die Risiken zu senken. Aber im entscheidenden Stadium, sobald er den Spachtel ansetzt, gibt er die Kontrolle vorbehaltlos aus der Hand. Bei der eigentlichen Fertigung des Bildes öffnet er dem Zufall und der Willkür Tür und Tor. Konkreter: einem unhandlichen Werkzeug, das fast jede Art von Gestaltung verhindert. Er kann es hin und her über die Leinwand pressen, parallel zu den Begrenzungen des Bildes, um die Farbe zu verteilen oder die bereits aufgebrachte aufzuschürfen. Ein bestimmtes Bild habe er nicht vor Augen, wenn er sich der Leinwand nähere, sagt Richter. Er sei auf ein Bild aus, das er nicht geplant habe „...diese Arbeitsmethode mit Willkür, Einfall und Zerstörung lässt zwar einen bestimmten Bildtypus entstehen, aber nie ein vorher bestimmtes Bild."[63]

Offensichtlich steigerte sich die Tendenz des Destruierens bis an die Grenze der Obsession. Ein Stück Verführung wohnt ihr ohnehin inne. Am 22. September 1992 notierte der Maler: „Abkratzen. Seit ungefähr einem Jahr ist mir beim Malen nichts anderes mehr möglich als abkratzen, auftragen und wieder wegnehmen."[64] Bei einigen Bildern melden sich die unteren Schichten zurück, bei anderen werden sie durchs Übermalen restlos verdeckt. „Dabei bringe ich nicht eigentlich das zum Vorschein, was darunter war. [...] Der Prozess des Auftragens, Zerstörens, Schichtens dient nur einer differenzierten Instrumentierung bei der Bilderzeugung."[65] Daraus entstehen ungeheuer mannigfaltige und abwechslungsreiche Texturen der Oberflächen. Wegen der Technik des Verschleifens haben sie trotz der vielen Eingriffe eine relativ gleichmäßige und einheitliche Beschaffenheit.

Man muss die Oberfläche dieser Bilder mit den Augen förmlich abtasten, um ihrer vollständig gewahr zu werden. In das visuelle Abtasten mischt sich die Lust, mit den Fingerspitzen über die Bilder zu fahren. Visuelle und taktile Erfahrung „gehen Hand in Hand". Schon Aristoteles wusste um deren Verbindung. „Wahrnehmung ist [...] etwas, das ein Lebewesen aktiv betreibt, nichts, was ihm zustößt. Sie müsse nach dem Muster des Tastens beschrieben werden, folgert der Philosoph Alva Noë, als ein aktives Sich-durch-die-Welt-Bewegen und Suchen, nicht wie üblich, nach dem Muster des eher als passiv empfundenen Sehens."[66] Richters Bilder laden dazu ein. Strukturell zeichnen sich diaphane und opake Verwischungsspuren horizontaler und vertikaler Richtung ab oder solche, in denen die Farbe Schlieren produziert. Indizien ihres Entstehens. Einer akkuraten Beschreibung aber entgleiten sie. Deskriptive Sprache ist nicht anschmiegsam genug, um ihnen verbal gerecht zu werden.

Eines der Ziele dieser semi-mechanischen Technik Richters ist so etwas wie Objektivität. Um ein Maximum davon zu erlangen, reduzierte Richter die Möglichkeiten seines Einflusses auf ein Minimum. Seine Idee von Objektivität ist frei von jeder geometrischen Ordnung, wie sie die Zentralperspektive unterfing. Er kleidet vielmehr eine künstlerische Position aus, die denkbar weit entfernt von der quasigöttlichen Stellung des künstlerischen Genies ist, die die Vorstellungen vom Künstler der Vormoderne erfüllte, ist stattdessen kühl, abwägend, pragmatisch. Richter mag einen Hang zu romantischen Landschaften hegen. Seine künstlerische Praxis ist bei aller Empfindsamkeit nicht romantisch.

Dementsprechend realisierte er seine Bilder häufiger in Werkgruppen. Ein Merkmal, das seine künstlerische Haltung auch aus dem Blickwinkel des Werkprozesses verdeutlicht. Dem seriellen Prinzip, das seine Farbtafeln regierte, deren Farbreihung in den letzten Versionen der Zufall übernommen hatte, überantwortete er nun in systematischerer Form auch seine Arbeitsweise. Um deren Anforderungen optimal gerecht werden zu können, teilte er das Atelier in dem Haus, das er nach seinen Entwürfen 1996 errichten ließ, in zwei voneinander getrennte „Aggregat"-Räume auf: einen Raum zur manuellen Herstellung der Bilder und einen weiteren, in dem sich die vollendeten Bilder wie in einer Galerie über eine gewisse Zeitdauer an der Wand optisch bewähren müssen. Wenn dies nicht funktioniert, wandern sie in den Arbeitsraum zurück.

Von Isa Genzken hatte sich Richter 1993 getrennt. Ein Jahr später traf er die Künstlerin Sabine Moritz. Sie verliebten sich und heirateten. Im Hahnwald, einem Außenviertel in Kölns Süden, schlug er gemeinsam mit ihr seinen endgültigen Wohnsitz auf. In seinem Familienleben mit der Geburt dreier Kinder brach ein Kapitel an, das man als glücklich apostrophieren darf. Unterfangen von einer äußerst fruchtbaren Schaffenszeit. Eine umfangreiche Wanderausstellung mit dem Auftakt 1993 im Musée d'Art Moderne de la Ville de Paris festigte Richters Ruf als herausragender Maler auf Dauer. Und zum Ausklang des Jahrtausends erhielt er dann den Auftrag

Kölner Domfenster, 2007 (CR 900)
Mundgeblasenes Echt-Antikglas, 23 x 9 m
Südquerhausfenster, Kölner Dom

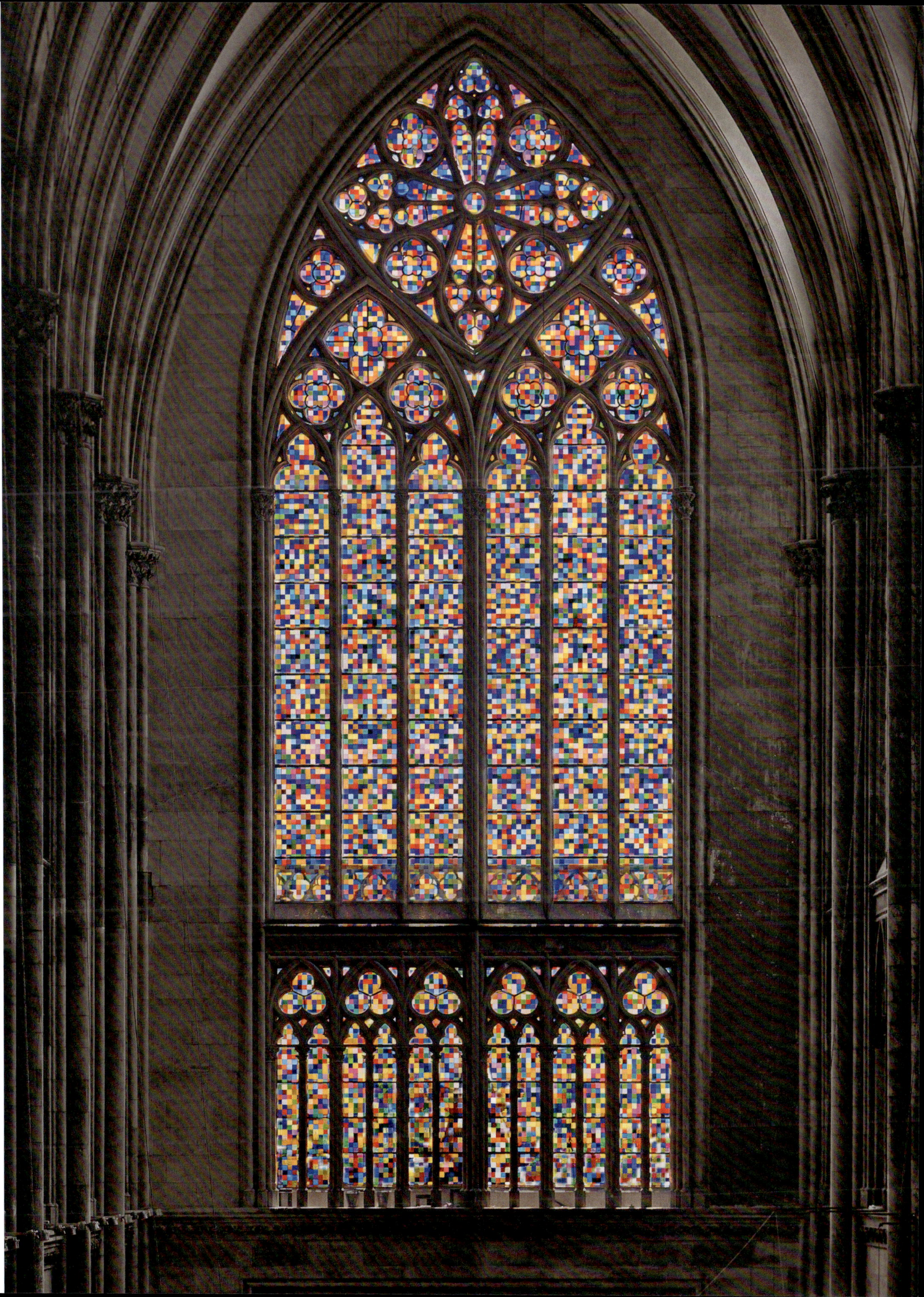

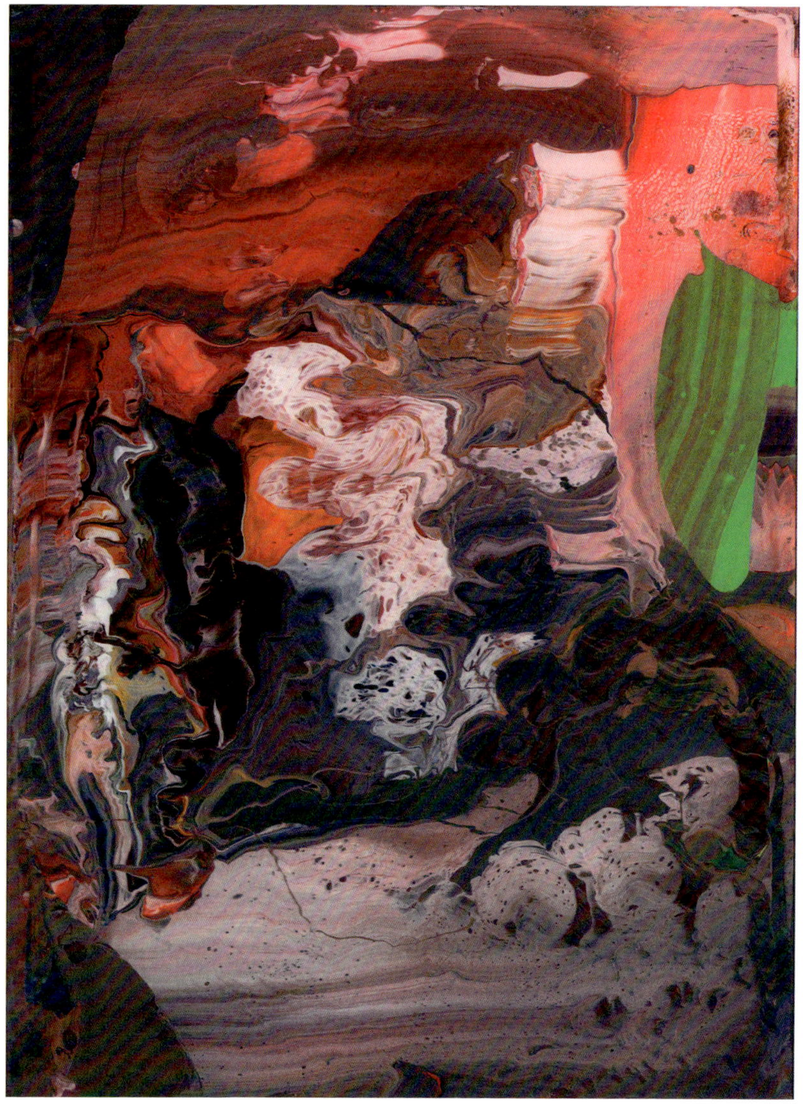

Aladin, 2010 (CR 913-3)
Lack hinter Glas, 50 x 37 cm
Deutschland, Privatsammlung

des Deutschen Bundestags, ein Werk für das Foyer des Reichstags zu verwirklichen. Allerdings entwickelte sich der Fortgang in Richters Werk nicht so kontinuierlich, wie es die kursorische Schilderung suggeriert. Die Jahre waren äußerst arbeitsintensiv. Ebenso ist das unaufhörliche Experimentieren ihr Kennzeichen. Der Künstler erprobte neue künstlerische Mittel und neue künstlerische Gebiete. Eine Periode des Vergewisserns und Überprüfens, Revidierens und unermüdlichen Neuanfangs war angesagt. Richter realisierte Meisterwerke wie die *Lesende* (1994), eine brillante Verneigung vor Jean Siméon Chardin und Vermeer, sowie die Komponisten-Zyklen, die in einer immer unübersichtlicher werdenden künstlerischen Wirklichkeit Marksteine setzten.

Um die Jahrtausendwende machten sich auch die langfristigen Konsequenzen jener radikalen Umbrüche in der Kunst geltend, die vor rund vier Jahrzehnten die westliche Kunstwelt durchgeschüttelt hatten. An ihren Auswirkungen gemessen, sind sie mit den Umwälzungen vergleichbar, die von der mittelalterlichen Kunst zur Renaissance überleiteten. Sie betreffen die Materialien und Träger der Kunst nicht weniger als ihre Kriterien, Kategorien sowie ihre Rezeption. Die gewohnten Maßstäbe des ästhetischen Urteils verkümmerten zusehends. Neue zeichneten sich allenfalls in vagen Umrissen ab. Die erste Generation, die mit Computer, Smartphone

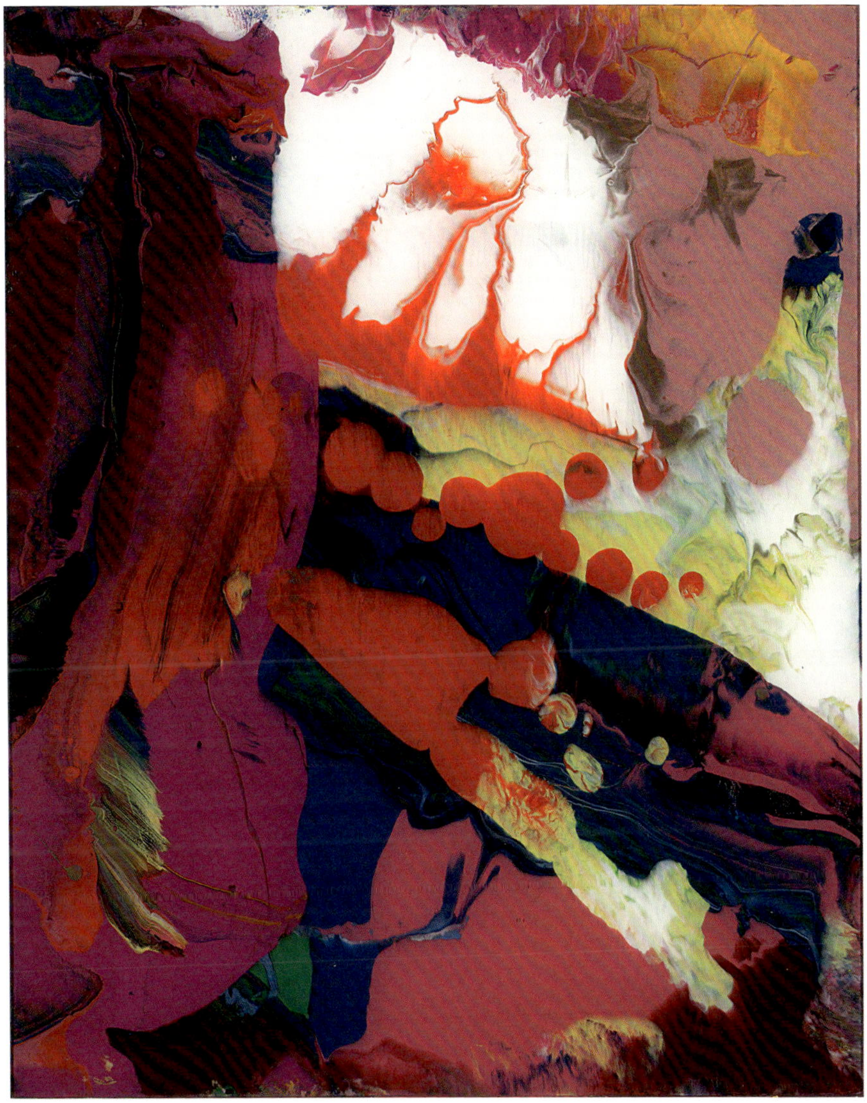

Sindbad, 2008 (CR 905-5)
Lack hinter Glas, 30 x 24 cm
New York, The FLAG Art Foundation

und dem Internet aufgewachsen war und die Welt mit anderen Augen und Gefühlen betrachtete als ihre Vorgänger, wechselte in die Universität und Berufswelt. Die zeitgenössische Kunst spaltete sich Zug um Zug in zwei Lager: in ein politisch und sozial engagiertes mit journalistischer oder wissenschaftlicher Methodik und ein konträres, das im Kielwasser der traditionellen Vorstellungen künstlerischer Praxis operierte und deren Maßgaben zu erweitern suchte. Film, Video, Internet, Performance, Installation und Sprache sind die hauptsächlichen Mittel des einen Zweigs. Handwerk die Basis des anderen. Zwischen den Domänen schlägt die Fotografie eine Brücke. Die „politische Kunst" trat auch aus dem Bannkreis dessen heraus, was den Begriff von Kunst seit der Renaissance ausmachte. Sie proklamierte eine gezielte Intervention in die gesamte Lebenswelt. Die „künstlerische Kunst" gab indes den Autonomieanspruch nicht preis und pochte auf der „ästhetischen Differenz" von Kunst und Politik. Die großen internationalen Ausstellungen wie die *documenta* in Kassel wurden zu Foren der politischen und soziokulturellen Kunst. Wohingegen der Kunsthandel das Terrain der evolutionären Kunst-Kunst betreut.

Die erfolgreiche Verflechtung der ökonomischen und politischen Beziehungen nach dem Ende des Kalten Krieges mit globaler Reichweite beschleunigte die

SEITE 82/83
Strip, 2011 (CR 920-4)
Digitaldruck auf Papier zwischen Alu Dibond und Perspex (Diasec), 160 x 300 cm
New York, Privatsammlung

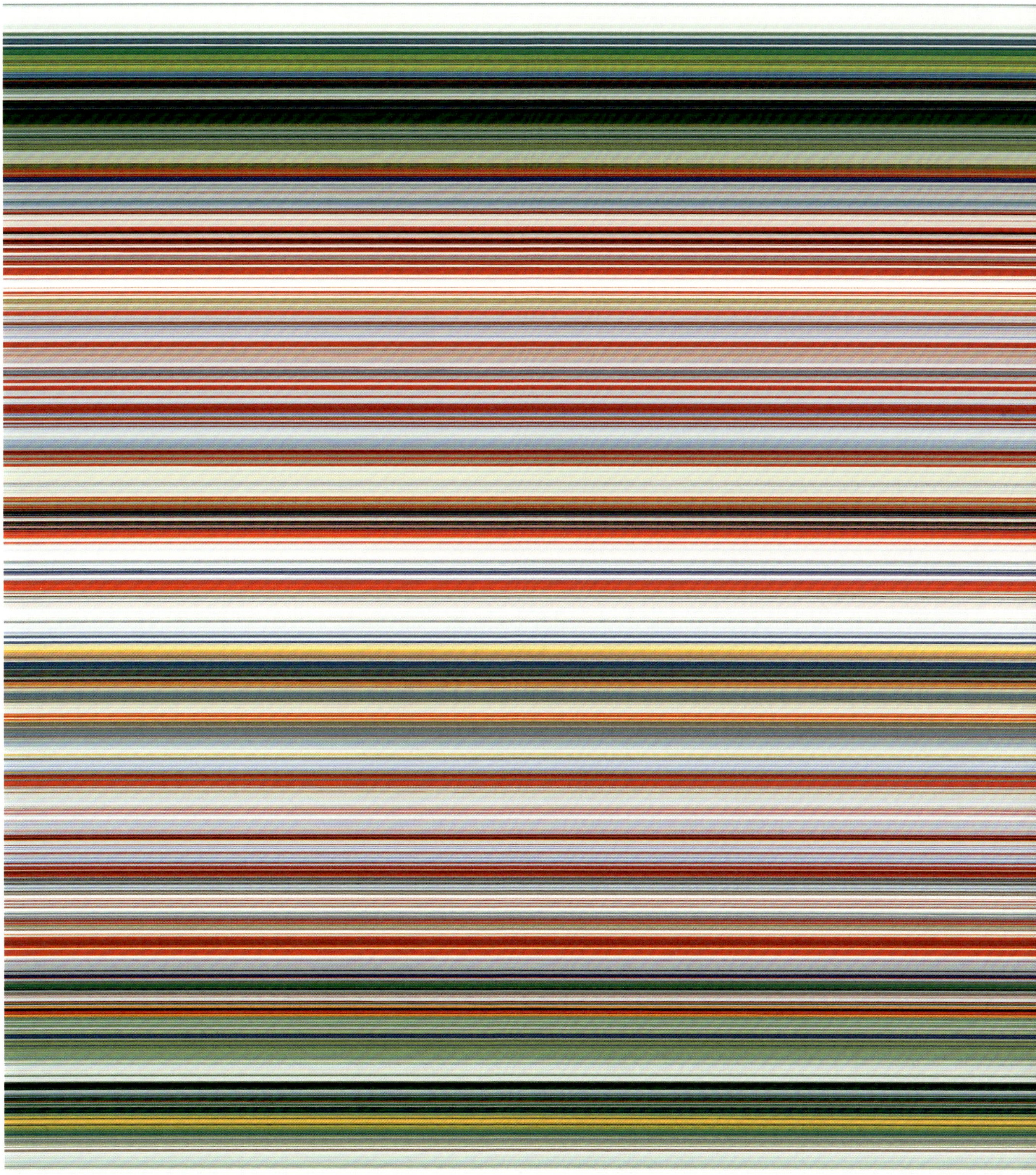

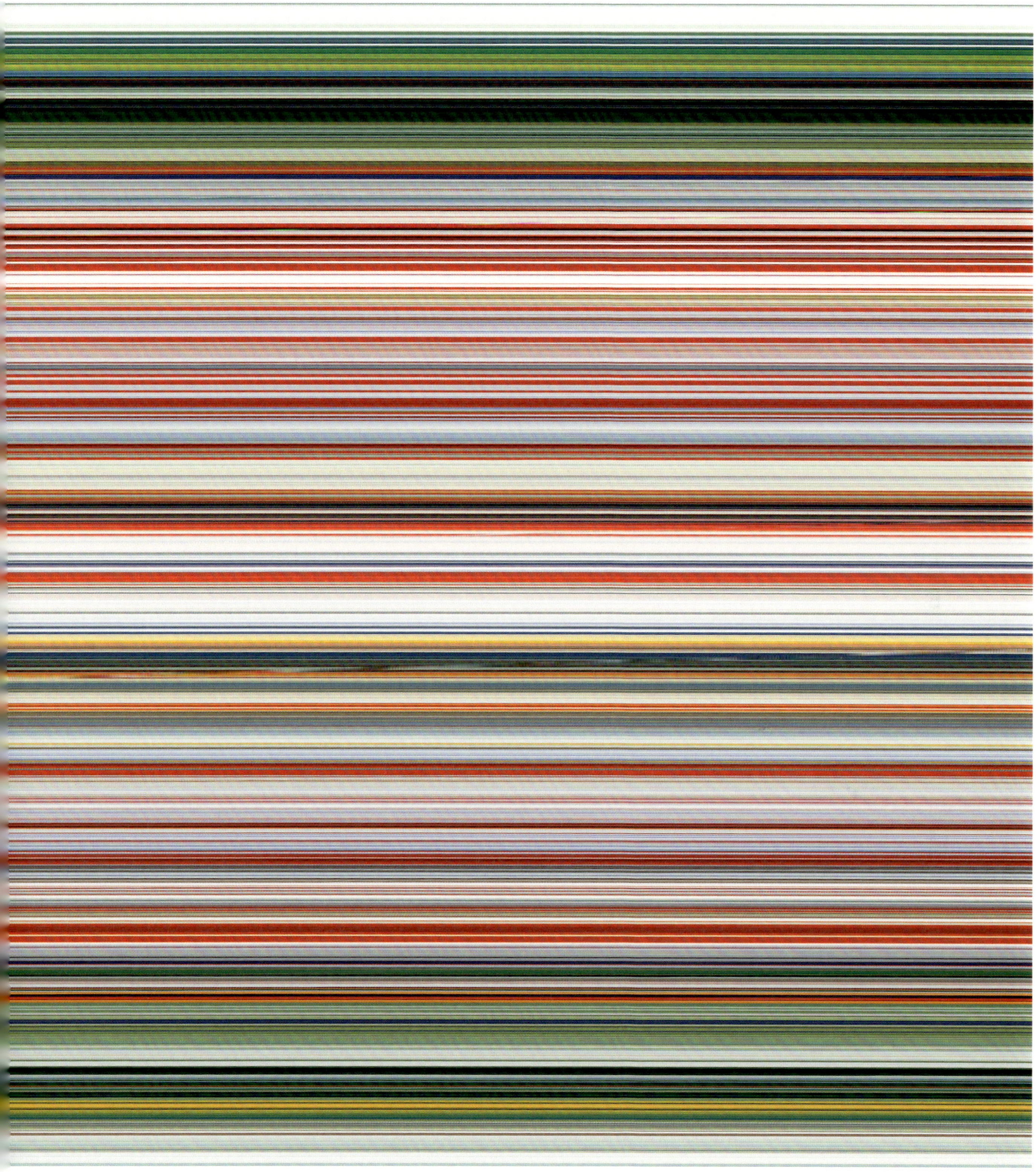

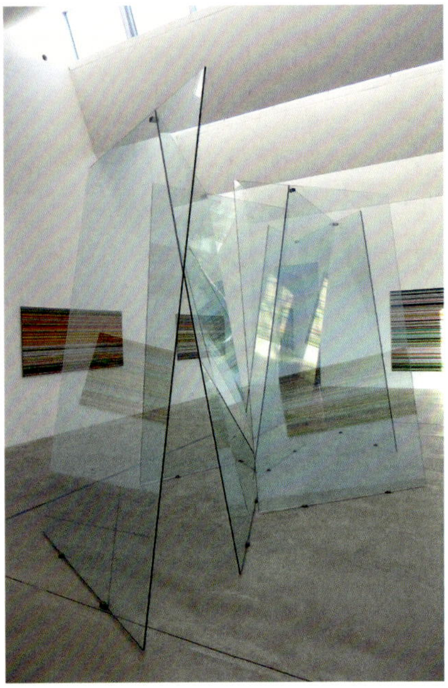

7 Scheiben (Kartenhaus), 2013 (CR 932)
Glas- und Stahlkonstruktion,
257 x 650 x 360 cm
Privatsammlung

Umbrüche in den kulturellen Feldern. Das Internet verwandelte die Welt in ein virtuelles Dorf ohne Struktur. In der Kunst zerbröselten nicht nur die Mauern zwischen den künstlerischen Disziplinen, sondern auch die zwischen den kontinentalen Kulturen. Dadurch relativierte sich die Legitimation des Künstlerischen, empfing aber frische Impulse. Unter dem merkantilen Druck eines global agierenden Kunsthandels, dessen potenteste Galerien sich an den Finanzplätzen der ganzen Welt ansiedelten und die Branche weitgehend monopolisierten, war die rasche Nivellierung künstlerisch-kultureller Eigenheiten andererseits unvermeidlich.

Neben der achtlosen Vernachlässigung der Formfrage in der Bildkunst durch die Künstlerinnen und Künstler beobachtete Richter vor allem die Auswüchse des Kunstmarktes und ihre turbulenten Begleiterscheinungen mit unverhohlener Skepsis. Auch wenn sie die Preise seiner Bilder beförderten. Um privat für einen sozialen Ausgleich zu sorgen, spendete er etliche Bilder und ermöglichte mit den Erlösen den Bau von Häusern für obdachlose Menschen in Köln. 2002 würdigte das Museum of Modern Art in New York seine große Kunst mit einer glanzvollen Retrospektive, *Forty Years of Painting*, für die der Kurator Robert Storr 190 Arbeiten zusammenbrachte. Es war die umfangreichste Schau von Richters Werken bis dahin. Eine einzigartige Bilanz der Malerei und ihrer uneingeschränkten Vitalität vor der Kulisse einer massenhaften elektronischen Bilderfabrikation. Im Hinblick auf die öffentliche Anerkennung war dies der Triumph seiner künstlerischen Arbeit.

Was wie ein Wettstreit zwischen gegenständlich und abstrakt in den Bildern der Edition *Firenze* (2000) aussieht und die ausgedehnte Etappe des Malens abstrakter Bilder unterbricht, ist ein stilles Abschiednehmen Richters von der Fotografie. Vermutlich ohne Absicht. Der Künstler nutzte sie fortan nur noch vereinzelt für seine Arbeit. Wie ein furchtbares Unwetter brechen Fetzen kompakter, farblich austarierter Farbballungen in die farbfotografische Abbildung einer beschaulichen, sonnigen Szene der Stadt am Arno ein und bedrohen sie – oder zerstören, je nach Wahrnehmung, ihre fotografische Reklameschönheit und ersetzten sie durch eine spannungsvolle ästhetische Schönheit. Abstrakt gegen gegenständlich, Malerei gegen Fotografie. Die leidenschaftlichen Auseinandersetzungen in der Kunst der Moderne sind längst obsolet. Die Unterscheidungen äußerlich. In der Edition *Firenze* bestehen sie anteilig und gleichberechtigt nebeneinander.

Doch als Richter eine verschwommene fotografische Abbildung vom ersten Blick in das Innere eines Atoms auf der Wissenschaftsseite einer großen deutschen Tageszeitung erblickte, hergestellt mit einem Rastertunnelmikroskop, war er auf Anhieb gefesselt. „Ich war fasziniert von dem Motiv, weil die Abbildungstechnik in den Mikroskopen zwar soweit ist, dass man wirklich das Atom sehen kann, aber man kann es nie scharf sehen. Und das liegt mir sehr, denn damit ist eine Grenze gegeben.“[67] Kein Wunder. Bewies nicht diese wissenschaftliche Fotografie im Nachhinein, dass die Unschärfe seiner fotografischen Malerei dem inneren Wesen des Realen entspricht, weil dessen Baustein, das Atom, nicht fixierbar ist? Und demnach die optische Wahrnehmung der sichtbaren Wirklichkeit als eine feste Größe in Wahrheit Illusion? Was wissenschaftlich beträchtlich komplizierter ist, hat Richter in seinem Werk auf eine einleuchtende visuelle Ebene heruntergebrochen. Das kleine Zeitungsfoto, in dem die Elektronenwolken eines Siliziumatoms sichtbar werden, inspirierte ihn zu vier riesigen Bildern, *Silikat* (2003), von fast drei mal drei Metern. Auf der Riesenfläche kombinierte er seine Verwischungstechnik in den vertrauten Grautönen mit der visuellen Vergegenwärtigung des mechanischen Prinzips der Serie. In 20 waagerechten Streifen wiederholte er, so genau er es mit der Verwendung von Schablonen vermochte, ein helles unscharfes Y-Zeichen in einem dunklen Kreis auf hellerem Fond.

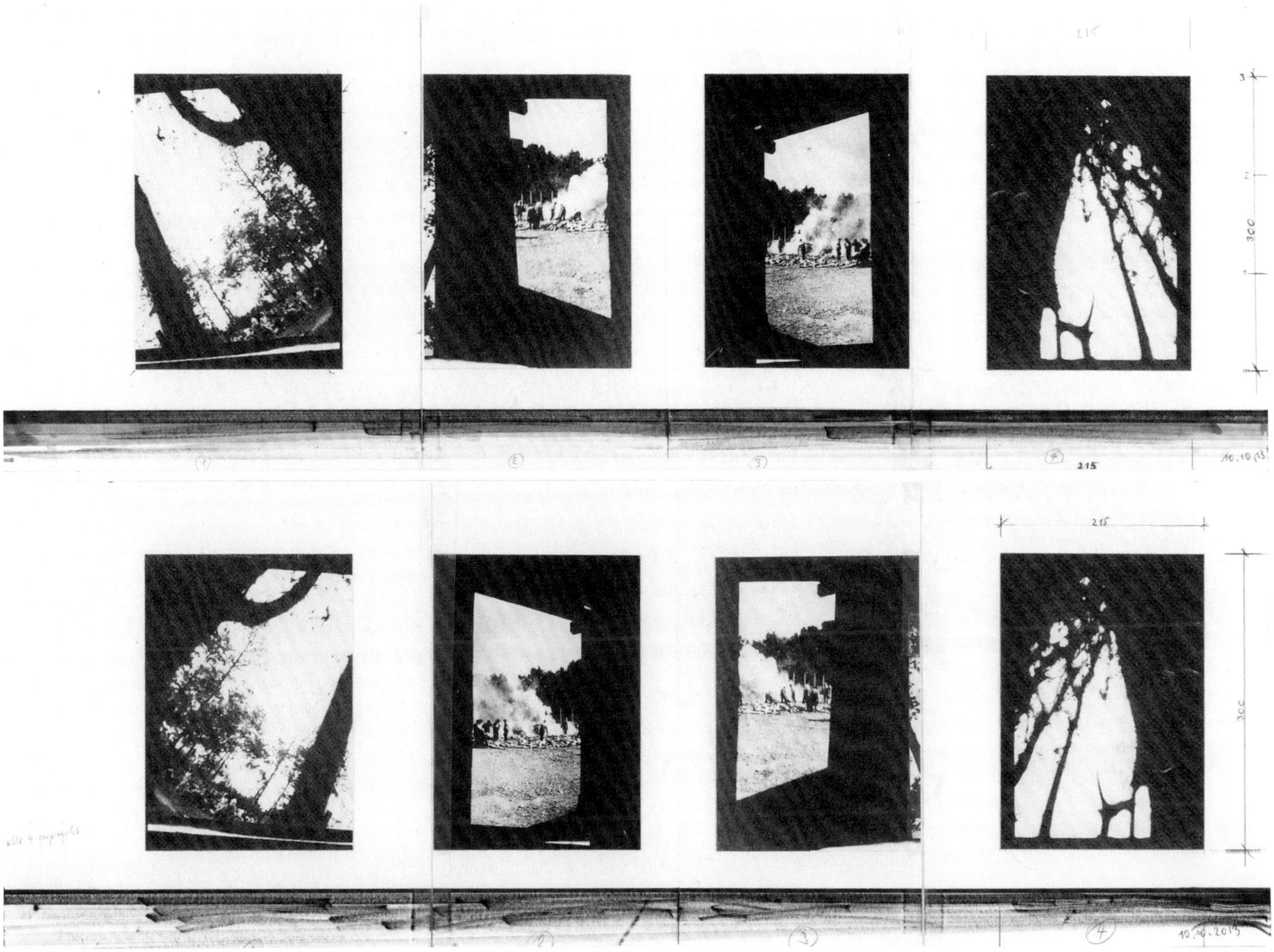

Die Strahlkraft der Bilder ist überwältigend. Man wird schwindelig beim Betrachten. Der Abmessungen wegen sind die Bilder unüberschaubar. Um sie mit dem Blick erfassen zu können, muss man sich von ihnen entfernen. Doch zu glauben, ihrer dadurch habhaft werden zu können, ist ein Fehlschluss. Die Unschärfen scheinen sich zwar sukzessive zu klären, aber die Bilder entgleiten im Gegenzug dem Blick und mobilisieren im Widerspruch zu ihrer seriellen Struktur eine unheimliche Dynamik. Sie verhalten sich wie die Atome. Wissenschaft und Kunst grüßen sich über ihre Grenzen, ohne einander in Dienst zu nehmen.

Es ist, als habe sich Richter im neuen Jahrtausend vorgenommen, sowohl die Schranken des Sichtbaren als auch die des Vorstellbaren in seiner Malerei zu überwinden. Er verpflichtet dabei ausschließlich der Beobachtung und einer besonderen malerischen Praxis. Dass er metaphysische Zusammenhänge berührt, ist Zufall. Sein einstweilen größter und ehrgeizigster Auftrag, für das Provisorium des im Zweiten Weltkrieg zertrümmerten Südfensters des Kölner Doms ein alternatives Fenster zu entwerfen, war ein solcher. Der Künstler sollte ein Glasfenster mit der Darstellung von sechs zeitgemäßen Märtyrern entwerfen. Nach vielen vergeblichen Anläufen und nahe daran, den Auftrag zurückzugeben, zündete der beiläufige Blick auf eine größere Abbildung seines *4096 Farben*-Bildes von 1974 den Funken. „Ich legte die Schablone des Maßwerkes darüber und sah, dass es nur so gehen könnte",[68] notierte der Künstler für die Pressekonferenz im Juli 2006. Das 2007 verwirklichte Fenster für das Südquerhaus besteht aus 11.263 mundgeblasenen quadratischen Glassegmenten (96 x 96 mm)

Studien für Birkenau, 2013 (ATLAS TAFEL 807)
6 Ausdrucke (kopiert, mit Filzstift und Kugelschreiber beschriftet und überarbeitet), 50 x 70 cm
München, Städtische Galerie im Lenbachhaus und Kunstbau

SEITE 86
Birkenau, 2014 (CR 937-1)
Öl auf Leinwand, 260 x 200 cm
Köln, Privatsammlung

SEITE 87
Birkenau, 2014 (CR 937-2)
Öl auf Leinwand, 260 x 200 cm
Köln, Privatsammlung

SEITE 88
Birkenau, 2014 (CR 937-3)
Öl auf Leinwand, 260 x 200 cm
Köln, Privatsammlung

SEITE 89
Birkenau, 2014 (CR 937-4)
Öl auf Leinwand, 260 x 200 cm
Köln, Privatsammlung

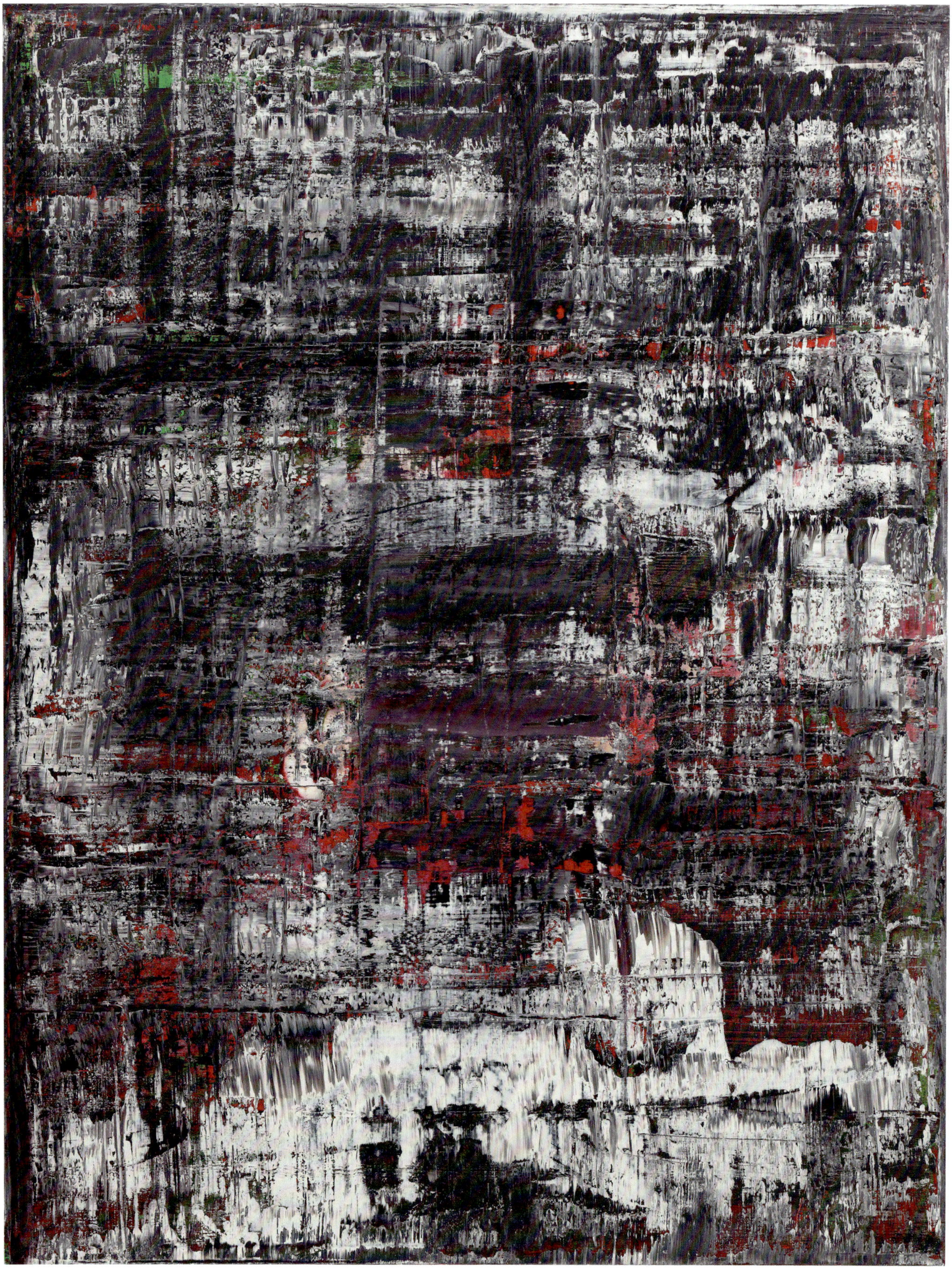

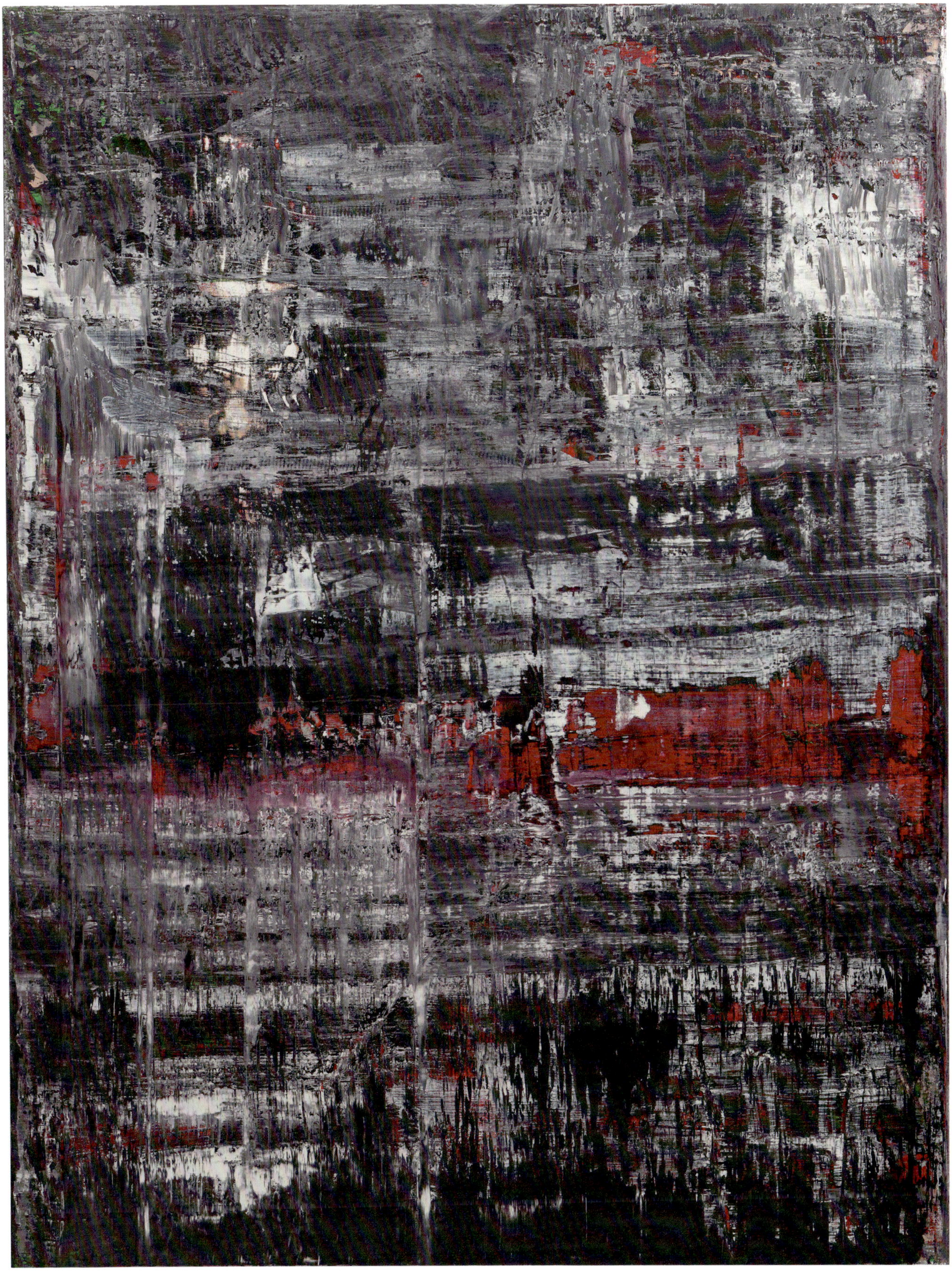

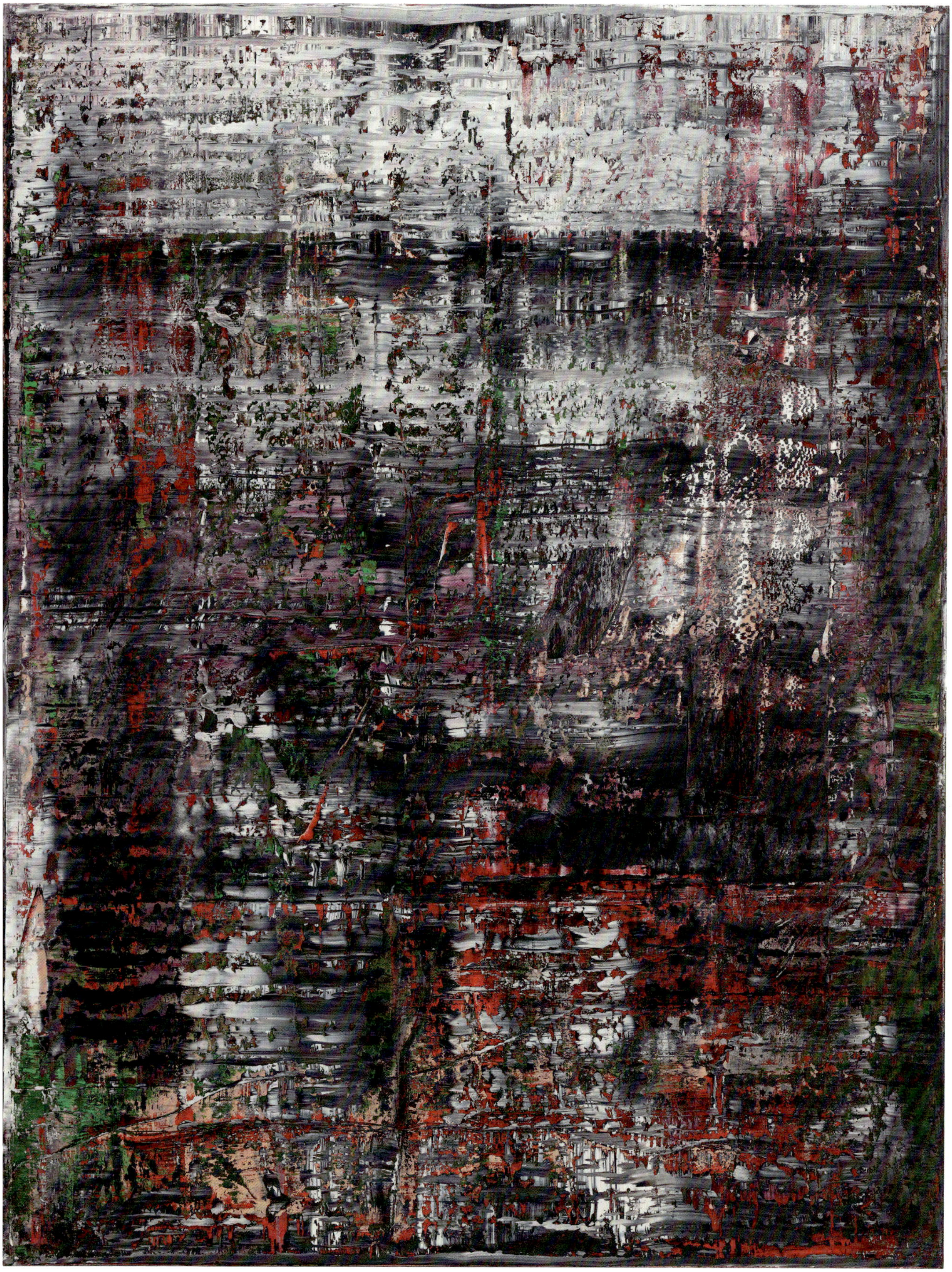

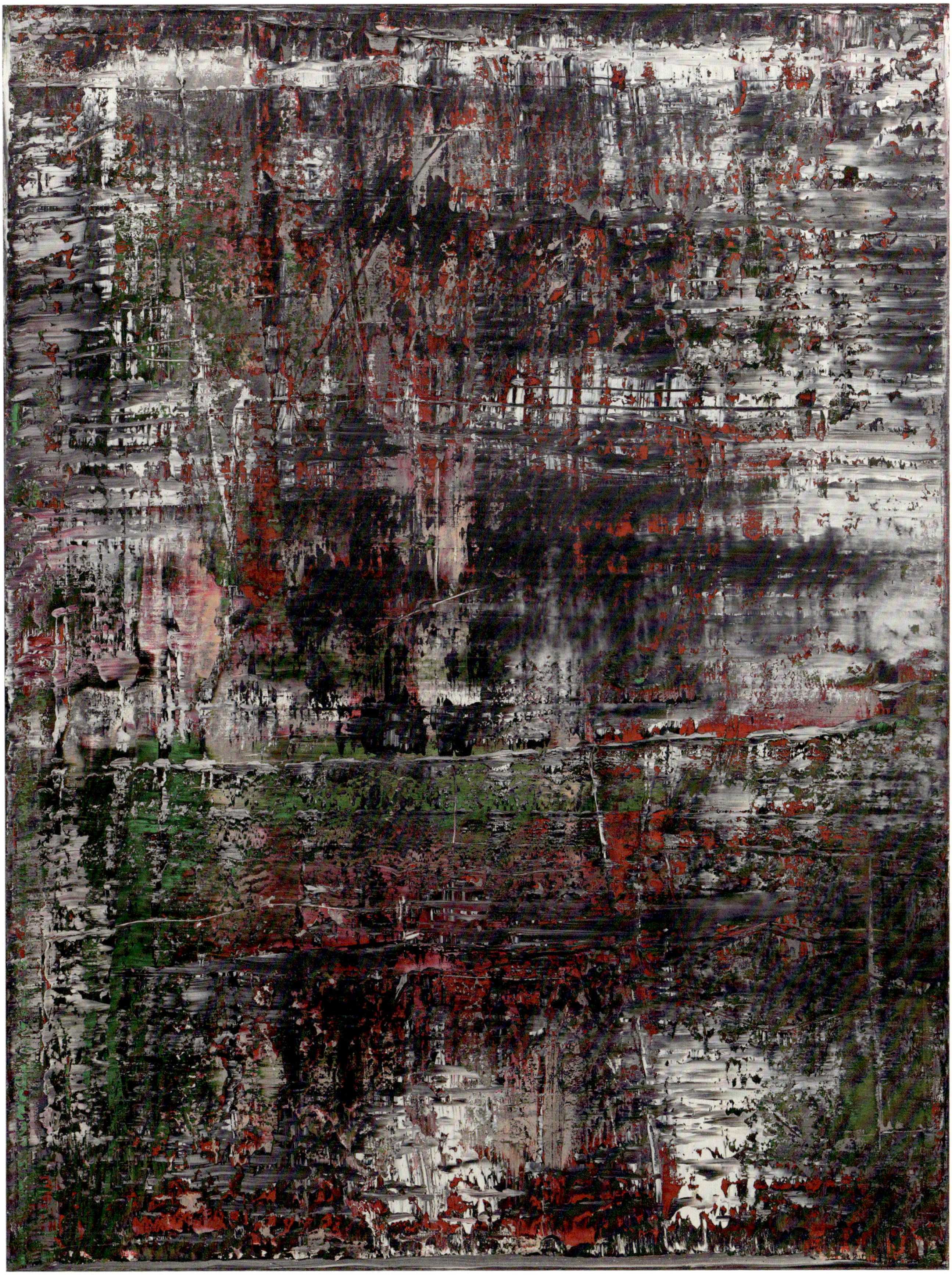

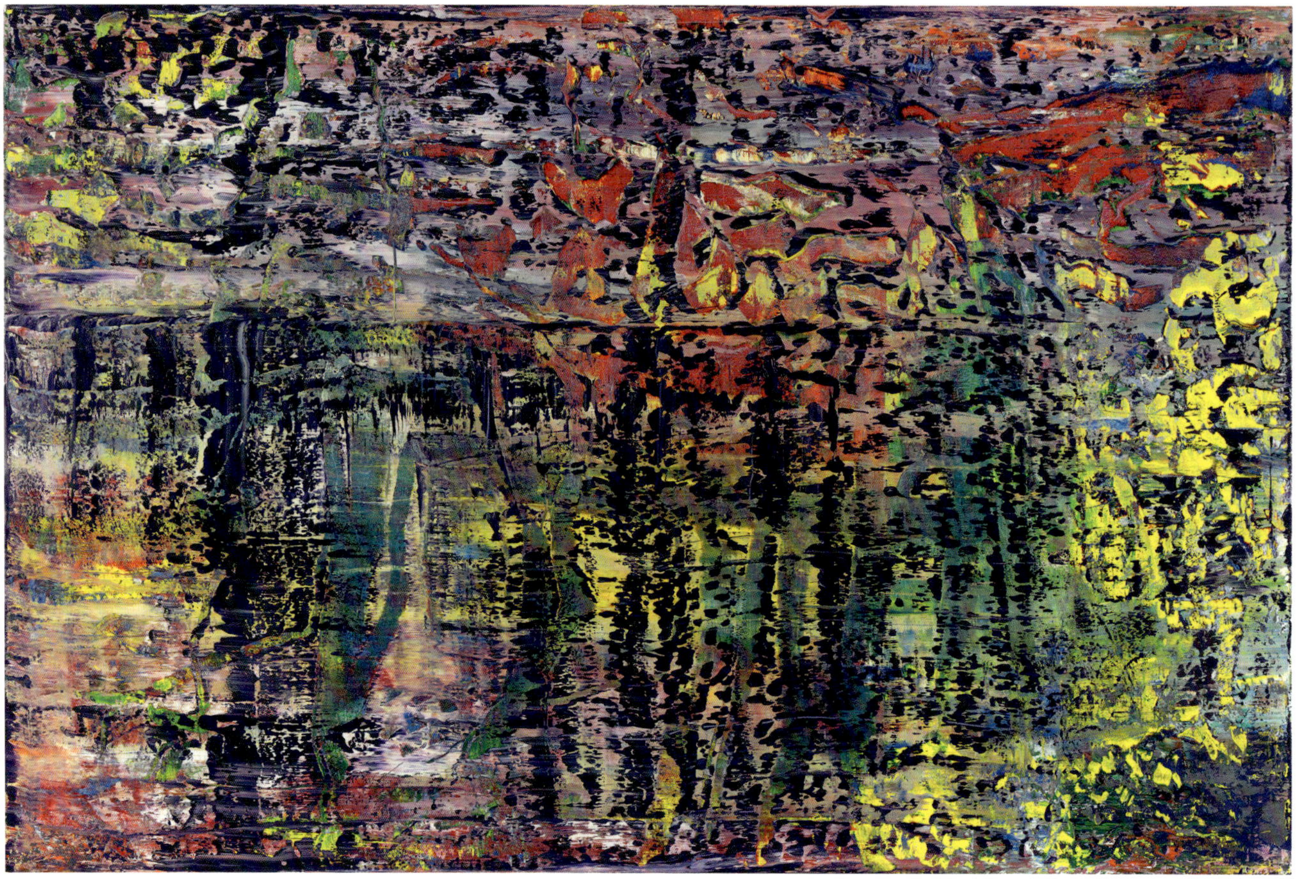

Abstraktes Bild, 2016 (CR 943-1)
Öl auf Leinwand, 144 x 220 cm
Privatsammlung

aus echtem Antikglas in 72 Farben und einer Gesamtfläche von 23 x 9 m. Ein Computerprogramm hat die Anordnung der Hälfte der Segmente nach dem Zufallsgesetz festgelegt, und diese wurden gespiegelt.

Mit dem Kölner Domfenster gesellte sich Richter „eindeutig zur Kunstgeschichte" – wie er es gegenüber Storr ein paar Jahre zuvor behauptet hatte. Einer Kunst, die aller zeitgebundenen Einschränkungen spottet und auch die Institution des Museums überleben wird. Noch weit eindringlicher als seine Bilder im XXL-Format – von der *Silikat*-Reihe bis zu den *Strips* (2011), großflächigen Digitaldrucken auf Papier zwischen Alu Dibond und Perspex, die schon bei zerstreuter Betrachtung Augenschmerzen verursachen – wirkt das Domfenster auf Körper und Geist gleichermaßen ein. Farblich vielfach gebrochenes Licht erschafft im Zusammenspiel mit der gotischen Architektur eine Wirklichkeit, die jede gewohnte Erfahrung moderner Menschen sprengt. Das Sehen wird zum Erleben. Auch bei grauem Himmel erzeugt das Fenster ein wundersames Eigenlicht. Die Farbwahl des modernen Glasfensters richtete der Künstler an den bevorzugten Tönen des Mittelalters aus, Rot, Blau, Silbergelb, Grün, Schwarz und Weiß. Sie versetzt das südliche Querhaus des Doms in das Farbuniversum von einst. Echo eines Verlustes der Kunst und ein neuer Aufbruch zugleich.

Opak und transparent, konkret und abstrakt, linear und flächig sowie von ausdrucksintensiver Schweigsamkeit – das halbe Dutzend großer quadratischer Ölbilder, die Richter 2006 während der Vorbereitung für das Domfenster für die Biennale di Venezia malte, veranschaulichen Weg und Ergebnis seiner künstlerischen Arbeit in einem. Eigentlich sollten sie eine fotografische Basis haben. „Fotos von verschiedenen atomaren Strukturen, vergleichbar mit den Silikat-Bildern…"[69] Als Richter das erste Bild anging, revidierte er seinen Plan und zerstörte das Gemalte. „…so malte

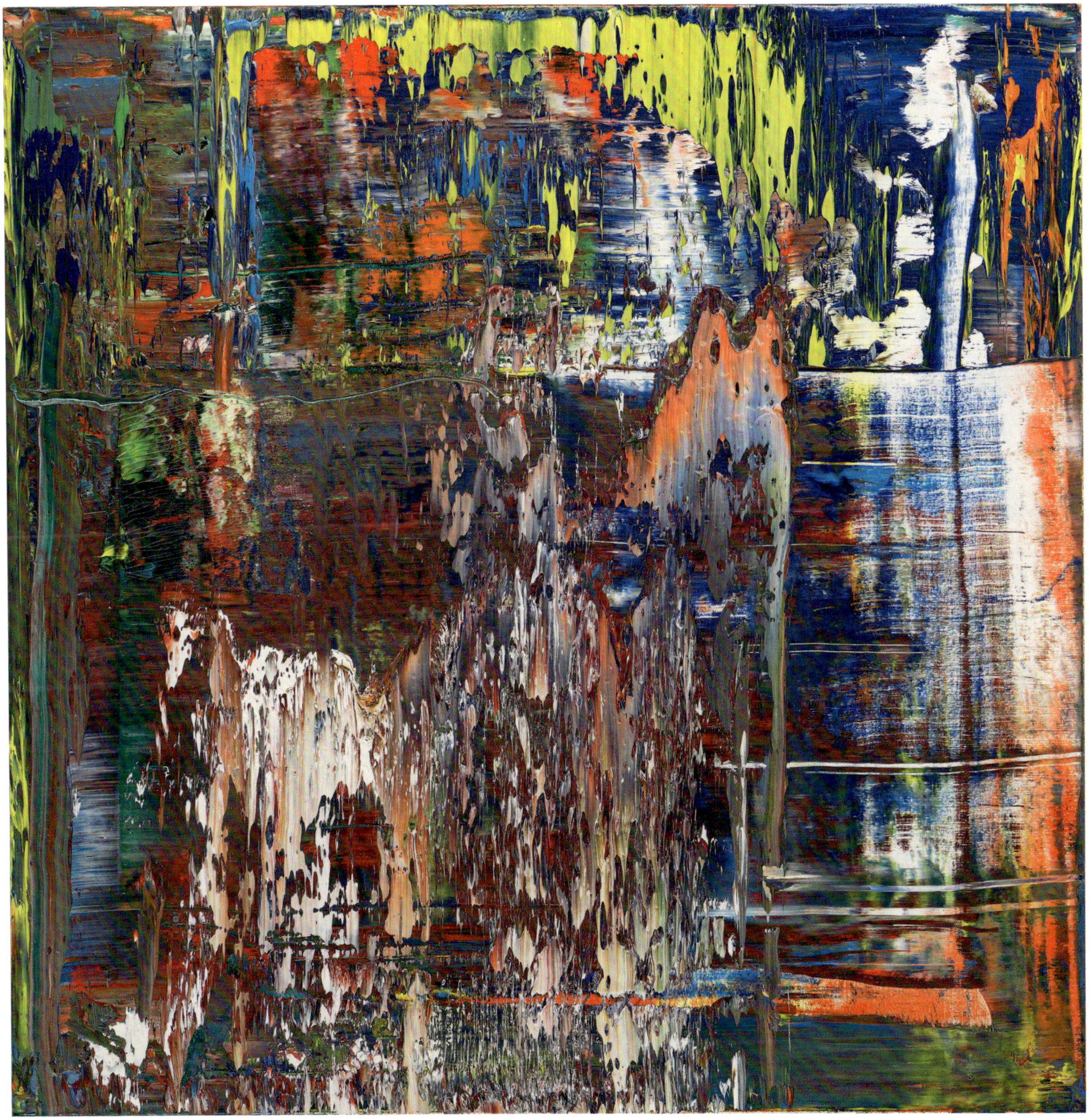

ich halt irgendwie weiter. Und dieser eigenartige Zustand von Aussichtslosigkeit, Ratlosigkeit und Übermut hielt dann so lange an, bis alle sechs Bilder fertig waren."[70] Bilder, die sich im Blick der Betrachter verdichten und zerstreuen – unaufhörlich. Drei Monate dauerte es. Richter widmete den Zyklus John Cage und versah ihn mit dessen Namen. Vielleicht auch deshalb, weil er ihn, unbewusst, wie ein visuelles Gegenstück zu Cages kompositorischem Vorgehen schuf. In einer Mixtur aus Zufall und Arbeitsdisziplin. Zufälle seien nur brauchbar, sagt der Künstler, „weil sie bearbeitet werden, das heißt eliminiert oder belassen oder hervorgehoben, also in eine Form gebracht werden".[71] Womöglich ebnete die komplexe Erfahrung beim Malen des *Cage*-Zyklus den Weg für das endliche In-Angriff-Nehmen des schwierigsten

Abstraktes Bild, 2015 (CR 939-7)
Öl auf Leinwand, 71,5 x 71,5 cm
Privatsammlung

Projektes, das Richter beschäftigt hat. Seit Jahren. Den Völkermord unter dem Nazi-Regime. Fotografische Bilder vom Holocaust finden sich früh im *Atlas*. Richters Abneigung gegenüber dem Nazi-Regime und seinen Mitläufern leidet keines Zweifels. Auch die kaum verbreiteten Fotografien des Gangs der Frauen in die Gaskammer von Birkenau und des Einäscherns der vergasten Menschen waren ihm bekannt. Unbekannte hatten das Geschehen auf Bitten des polnischen Widerstands unter Lebensgefahr und aus einer grausam paradoxen Notwendigkeit im Schutz der Gaskammern und aus einiger Entfernung von der massenhaften Beseitigung der Leichen dokumentiert. Die akute Bedrohung ist den Fotografien eingeschrieben. Das Unvorstellbare wird ungeachtet der technischen Unzulänglichkeiten unwiderlegbar. Diese einzigen Bildzeugnisse vom Völkermord in flagranti gelangten vor die Augen der obersten westlichen Kriegsführer. Sie verfehlten aber ihr Ziel, die alliierte Bombardierung der Vernichtungslager oder ihrer Zufahrtswege zu erzwingen.Die fotografischen Bilder aus dem Vernichtungslager Auschwitz-Birkenau haben trotz ihrer formalen Mängel die historische Unanfechtbarkeit auf ihrer Seite. Doch sie zu malen? Verletzte das nicht ein sozial verbindliches Tabu? Das Tabu, wonach das unvorstellbare Grauen in Bilder zu fassen bedeutet, das Ungeheuerliche zu relativieren und einem unangemessenen Voyeurismus auszuliefern? Georges Didi-Hubermans Buch *Bilder trotz allem* (2007), eine profunde Studie über diese Bilder, ihre Geschichte und deren Folgen, veranlasste den Künstler, sich der Herausforderung zu stellen. „Im Herbst 2014 fing ich an, diese vier Bilder auf die Leinwände zu übertragen, und merkte bald, dass es nicht geht. Also abkratzen und neu malen, solange, bis ich die vier abstrakten Bilder hatte."[72]

Abermals manifestiert sich die künstlerische Herausforderung als Unmöglichkeit. Gedichte nach Auschwitz sind zwar möglich, aber Bilder? Ja – auch Bilder. Sofern sie die Unmöglichkeit, die bereits im Anspruch eines möglichen Gelingens liegt, zum Gegenstand erheben. Ohne Bilder hätte das Grauen keine Erdung. Da bei Richters *Birkenau*-Bildern (2014) dem „Wie" des technischen Prozesses zwischen Abkratzen und Übermalen eine allegorische Bedeutung zukommt, glimmt zumindest eine Ahnung des Unvorstellbaren auf. Sie reizt die Imagination, und die Bildtitel *Birkenau* weisen die Richtung. „Dass man ein Bild von Auschwitz nicht als solches erkennen kann, folgt einfach daraus, dass man Auschwitz nicht sehen kann, noch nicht einmal in Auschwitz."[73] Das Abkratzen reißt den Untergrund auf, und das Übermalen deckt ihn zu. Metapher des geschichtlichen Gangs. Aber der Völkermord lässt sich weder abkratzen noch übermalen. Er schwärt unter der Oberfläche der politischen und gesellschaftlichen Ereignisse in Deutschland wie die untergründige Leinwand unter der Oberfläche der *Birkenau*-Bilder. Richter hat sie nach der Fertigstellung nach Dresden in sein Archiv gegeben. Die fotografische Version der Werkgruppe hängt im Reichstag vis à vis seinem Bild *Schwarz, Rot, Gold* und spiegelt sich in ihm. Die immerwährende Begegnung demonstriert, dass die deutsche Geschichte unteilbar ist.

Mit der raumhohen Installation *Zwei graue Doppelspiegel für ein Pendel* (2018) in der aufgelassenen Dominikanerkirche von Münster gewährt Richter den Besuchern schließlich auch einen kosmologischen Ausblick. Das Foucault'sche Pendel mit seiner 48 Kilogramm schweren Kugel schwingt an einem 29 Meter langen Seil durch den einstigen Kirchenraum und scheint im Rhythmus des Tages über einem massiven Steinkreis kontinuierlich um seinen Aufhängungspunkt zu zirkulieren. In Wirklichkeit bewegt sich nicht das Pendel, sondern die Betrachter werden bewegt. Sie werden durch die Rotation der Erde bewegt, auch wenn sie auf der Stelle zu verharren glauben, und das Pendel schwingt ausdauernd in dieselbe Richtung. Unvorstellbares wird sichtbar. Doch es entzieht sich irgendwie dem Be-Greifen. Wie sich Richters Werk dem Be-Greifen unaufhörlich von Neuem entzieht.

Zwei graue Doppelspiegel für ein Pendel, 2018 (CR 953)
Magnetischer Mikroprozessor, Metallkugel, Stahlkette, Charron-Ring, Steinplatte
Doppelspiegel-Glasbahnen: je 600 x 134 x 1 cm
Bodenplatte: Durchmesser 400/560 cm
Stahlseil: Länge 28,75 m
Münster, Dominikanerkirche

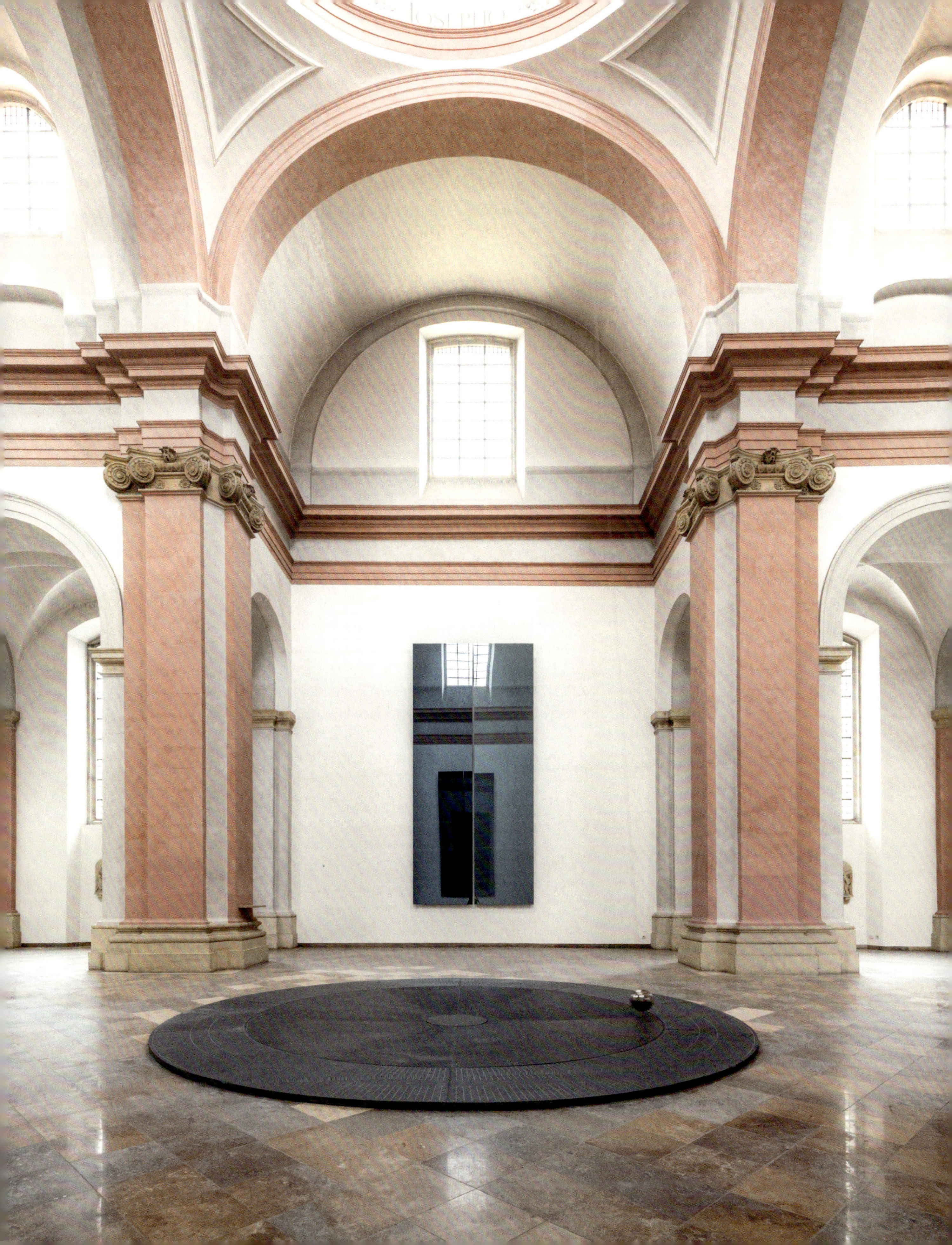

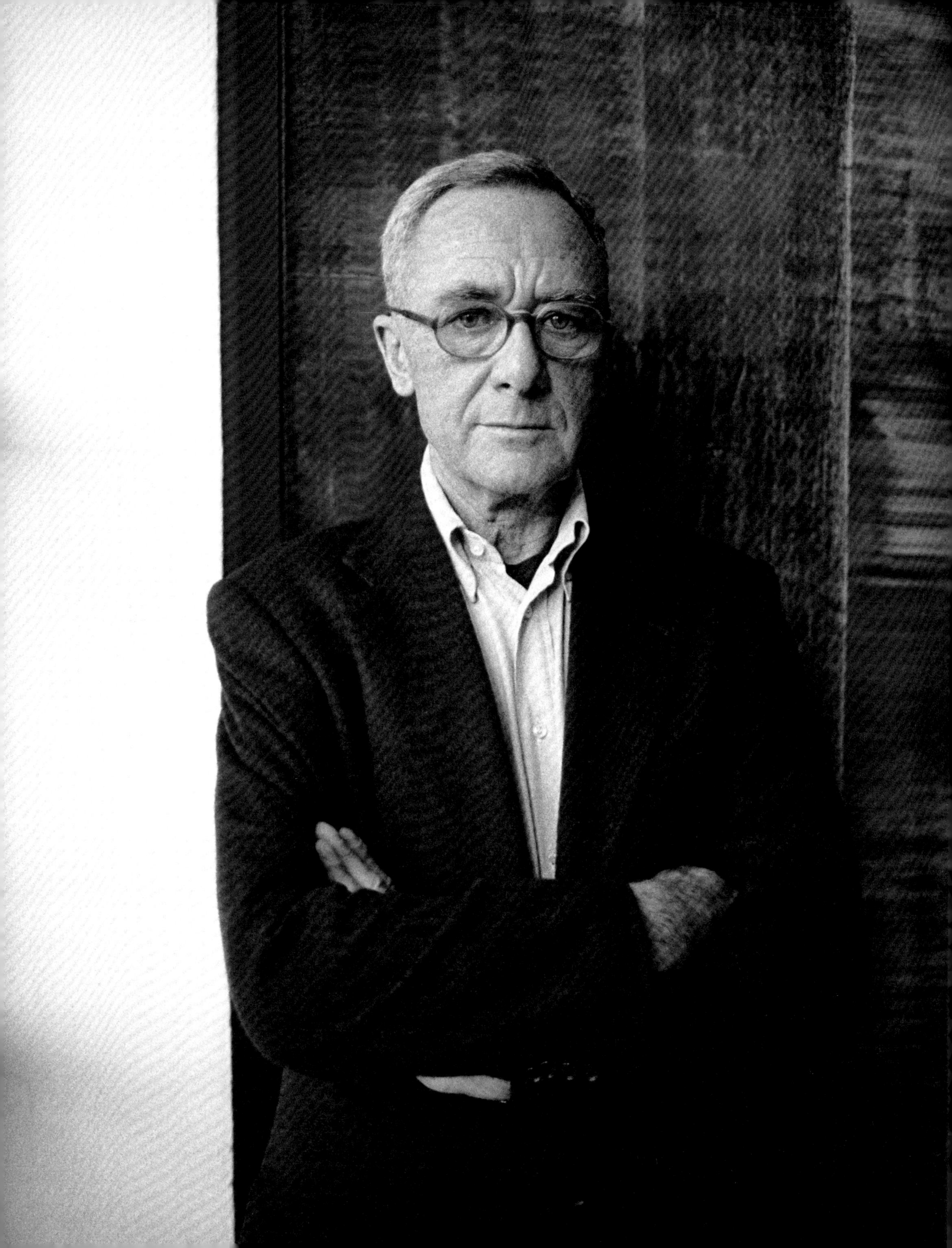

Gerhard Richter
Leben und Werk

1932 Geboren am 9. Februar in Dresden
1948 Abschluss der Handelsschule in Zittau mit der Mittleren Reife · **1949** Gehilfe in einem Werbe- und Anzeigenbüro in Zittau
1950 Anstellung als Malsaal-Eleve am Stadttheater Zittau. Betriebsmaler bei der Deutschen Werbe- und Anzeigen-Gesellschaft (DEWAG)
1951 Zulassung zum Studium an der Hochschule für Bildende Künste, Dresden · **1953** Hauptstudium im Fach Wandmalerei bei Heinz Lohmar · **1956** Diplom mit der Wandmalerei *Lebensfreude*, Deutsches Hygiene-Museum, Dresden · **1957** Dreijährige Aspirantur mit Atelier an der Hochschule für Bildende Künste, Dresden · **1959** Besuch der *documenta 2* in Kassel.

1961 30. März Flucht aus der DDR. Umzug nach Düsseldorf. Studium an der Staatlichen Kunstakademie Düsseldorf bei Ferdinand Macketanz
1962 Freundschaft mit Konrad Lueg (= Konrad Fischer), Sigmar Polke und Blinky Palermo
1963 Demonstrative Ausstellung von Richter, Lueg und Polke im Ladengeschäft, Kaiserstraße 31 A, Düsseldorf. Performance und Ausstellung *Leben mit Pop – Eine Demonstration für den kapitalistischen Realismus*, Möbelhaus Berges mit Lueg, Düsseldorf · **1964** Ende des Studiums. Ausstellung in der Münchner Galerie Friedrich und Dahlem (mit Peter Klasen). Erste Einzelausstellungen: Galerie Schmela, Düsseldorf; Galerie René Block, Berlin. Ausstellung mit Lueg und Polke, Galerie Parnass, Wuppertal · **1966** Ausstellung mit Polke in der galerie h, Hannover.

1967 Vertretungsprofessur an der Hochschule für Bildende Künste in Hamburg. Kunstpreis „Junger Westen" der Stadt Recklinghausen
1969 Einzelausstellung im „Gegenverkehr – Zentrum für aktuelle Kunst", Aachen · **1970** Reise mit Palermo nach New York.

1971 Professur an der Staatlichen Kunstakademie Düsseldorf. Ausstellung im Kunstverein für die Rheinlande und Westfalen, Düsseldorf.
1972 Richter gestaltet den Deutschen Pavillon für die 36. Biennale in Venedig. Erste Teilnahme an der *documenta 5* in Kassel · **1973** Erste Einzelausstellung in New York in der Onnasch Gallery · **1975** Ausstellung in der Kunsthalle Bremen und im Palais des Beaux-Arts, Brüssel
1977 Einzelausstellung im Musée National d'Art Moderne, Centre Pompidou, Paris · **1978** Gastprofessur am Nova Scotia College of Art and Design in Halifax · **1982** Arnold-Bode-Preis der Stadt Kassel. Abstrakte Bilder, Kunsthalle Bielefeld; Mannheimer Kunstverein.

1983 Umzug nach Köln · **1985** Oskar-Kokoschka-Preis der Stadt Wien · **1986** *Retrospektive*, Städtische Kunsthalle Düsseldorf; Neue Nationalgalerie, Berlin; Kunsthalle Bern; Museum des 20. Jahrhunderts, Wien · **1988** *Paintings*, Art Gallery of Ontario,Toronto; Museum of Contemporary Art, Chicago; Hirshhorn Museum and Sculpture Garden, Washington, D.C. Gastprofessur, Städelschule Frankfurt am Main. Kaiserring der Stadt Goslar. Es entsteht der 15-teilige Bilderzyklus *18. Oktober 1977*
1989 Einzelausstellung, Museum Boijmans Van Beuningen, Rotterdam; *Paintings*, San Francisco Museum of Modern Art · **1991** Retrospektive in der Tate Gallery, London · **1993** Retrospektive, Musée d'Art Moderne de la Ville de Paris, Kunst- und Ausstellungshalle der Bundesrepublik Deutschland, Bonn; Moderna Museet, Stockholm; Museo Nacional Centro de Arte Reina Sofía, Madrid.

1994 Richter beendet seine Lehrtätigkeit an der Staatlichen Kunstakademie Düsseldorf
1995 Wolf-Preis, Jerusalem · **1996** Neues Atelier am Kölner Stadtrand · **1997** Goldener Löwe der 47. Biennale in Venedig und Praemium Imperiale, Tokio · **1998** *Landschaften* im Sprengel Museum Hannover. Wexner-Preis, Columbus, OH · **1999** Papierarbeiten in Winterthur, Dresden, Krefeld, Tilburg. Es entsteht *Schwarz, Rot, Gold* für den Deutschen Bundestag · **2000** Staatspreis des Landes Nordrhein-Westfalen
2001 Ehrendoktorwürde der Universität Löwen.

2002 *Forty Years of Painting*, Museum of Modern Art, New York; Art Institute of Chicago, San Francisco Museum of Modern Art · **2003** *Forty Years of Painting*, Hirshhorn Museum and Sculpture Garden, Washington, D.C.

2004 Eröffnung von drei Räumen mit Werken von Gerhard Richter im Albertinum der Staatlichen Kunstsammlungen Dresden
2005 *Gerhard Richter*, K20 Kunstsammlung Nordrhein-Westfalen, Düsseldorf; Städtische Galerie im Lenbachhaus; Kunstbau, München; 21st Century Museum of Contemporary Art, Kanazawa; Kawamura Memorial Museum of Art, Sakura · **2007** Ehrenbürger der Stadt Köln. Einweihung des Südquerhausfensters im Kölner Dom · **2008** *Bilder aus Privatsammlungen*, Museum Frieder Burda, Baden-Baden; National Galleries of Scotland, Edinburgh; National Art Museum of China, Peking. *Übermalte Fotografien*, Museum Morsbroich, Leverkusen. *Abstrakte Bilder*, Museum Ludwig, Köln; Haus der Kunst, München · **2009** *Portraits*, National Portrait Gallery, London. *Bilder aus Privatsammlungen*, Wien und Duisburg. *Übermalte Fotografien*, Centre de la Photographie, Genf; Fundación Telefónica, Madrid.

2010 Wiedereröffnung des Albertinum, Staatliche Kunstsammlungen Dresden, mit zwei Räumen mit Werken von Gerhard Richter
2011 *Panorama*, Tate Gallery, London · **2012** Ausstellung des *Atlas*, Kunsthalle im Lipsiusbau, Dresden. *Panorama*, Neue Nationalgalerie Berlin; Musée National d'Art Moderne, Centre Pompidou, Paris. *Dessins et Aquarelles 1957–2008*, Musée du Louvre, Paris · **2013** *Streifen & Glas*, Albertinum, Staatliche Kunstsammlungen Dresden. *Atlas* im Kunstbau des Lenbachhaus, München · **2014** *Streifen und Glas*, Kunstmuseum Winterthur. *Bilder / Serien*, Fondation Beyeler, Riehen/Basel.

2015 Die *Birkenau*-Bilder werden im Albertinum, Staatliche Kunstsammlungen, Dresden, erstmals öffentlich ausgestellt. *Neue Abstrakte Bilder*, Wako Works of Art, Tokio · **2016** Eröffnung des Pavillons mit der permanenten Installation *14 Panes of Glass for Toyoshima, dedicated to futility*, Insel Toyoshima, Japan. *Paintings and Drawings*, Marian Goodman Gallery, New York.

2017 *Neue Abstrakte Bilder* zu Richters 85. Geburtstag, Museum Ludwig, Köln; Albertinum Dresden. Erste Einzelausstellungen in Tschechien, Nationalgalerie, Prag, und Australien, Queensland Art Gallery, Brisbane. Präsentation des *Birkenau*-Zyklus im Reichstagsgebäude
2018 Rauminstallation *Zwei graue Doppelspiegel für ein Pendel*, Dominikanerkirche Münster. *Abstraktion*, Museum Barberini, Potsdam.

Gerhard Richter lebt und arbeitet in Köln.

Gerhard Richter, 1992
Foto: Benjamin Katz

Anmerkungen

Kapitel 1

1 Notizen 1962, in: *Gerhard Richter. Text 1961 bis 2007, Schriften, Interviews, Briefe*, hrsg. von Dietmar Elger und Hans Ulrich Obrist, Köln 2008, S. 15 • **2** Interview mit Robert Storr 2002, in: *Gerhard Richter* wie Anm. 1, S. 400 • **3** ebd. **4** Notizen 1962, wie Anm. 1, S. 15 • **5** Pierre Bourdieu. *Manet. Eine symbolische Revolution*, Berlin 2015, S. 166 • **6** ebd., S. 167 • **7** Interview mit Dorothea Dietrich 1985, in: *Gerhard Richter*, wie Anm. 1, S. 151 • **8** Roland Barthes. *Der Tod des Autors*, in: *Texte zur Theorie der Autorschaft*, hrsg. und kommentiert von Fotis Jannidis, Gerhard Lauer, Matias Martinez und Simone Winko, Stuttgart 2000, S. 189 • **9** Notizen 1964 (–1967), in: *Gerhard Richter*, wie Anm. 1, S. 22 **10** Notizen 1962, wie Anm. 1, S. 14 • **11** ebd. **12** Gerhard Richter zit. nach: Jürgen Harten. *Gerhard Richter. Bilder 1962–1985*, Köln 1986, S. 57, Anm. 10 • **13** *Gerhard Richter. Atlas*, hrsg. von Helmut Friedel, Köln 2006 • **14** Interview mit Wolf Schön 1972, in: *Gerhard Richter*, wie Anm. 1, S. 60 • **15** Notizen 1964–1965, in: *Gerhard Richter*, wie Anm. 1, S. 32 • **16** ebd. S. 33 • **17** Brief an Benjamin H. D. Buchloh vom 30.8.1979, in: *Gerhard Richter*, wie Anm. 1, S. 114

Kapitel 2

18 Interview mit Babette Richter 2002, in: *Gerhard Richter*, wie Anm. 1, S. 453 • **19** Interview mit Jonas Storsve 1991, in: *Gerhard Richter*, wie Anm. 1, S. 276 • **20** Interview mit Babette Richter 2002, wie Anm. 1, S. 453 • **21** ebd. **22** *Ludwig Goes Pop*, hrsg. von Stephan Diederich, Luise Pilz, Köln 2014 • **23** Interview mit Jonas Storsve 1991, in: *Gerhard Richter*, wie Anm. 1, S. 276 • **24** Pierre Bourdieu. *Manet. Eine symbolische Revolution*, Berlin 2015, S. 812 **25** Gespräch mit Jan Thorn-Prikker über den Zyklus *18. Oktober 1977*, 1989, in: *Gerhard Richter*, wie Anm. 1, S. 245 • **26** Jürgen Harten. *Gerhard Richter. Bilder 1962–1985*, Köln 1986, S. 47 **27** Sol LeWitt. *Paragraphs on Conceptual Art*, *Artforum* 5, Nr. 10 (Juni 1967) S. 79–83 • **28** Klaus Honnef. *Concept Art*, Köln 1971, S. 30 • **29** Notiz 1966, in: *Gerhard Richter*, wie Anm. 1, S. 46 **30** Interview mit Jonas Storsve 1991, in: *Gerhard Richter*, wie Anm. 1, S. 277 • **31** Interview mit Irmeline Lebeer 1973, in: *Gerhard Richter*, wie Anm. 1, S. 83 • **32** Aus einem Brief an Edy de Wilde 23.2.1975, in: *Gerhard Richter*, wie Anm. 1, S. 91 • **33** ebd., S. 92

Kapitel 3

34 Interview mit Amine Haase 1977, in: *Gerhard Richter*, wie Anm. 1, S. 96 • **35** Interview mit Gislind Nabakowski 1974, in: *Gerhard Richter*, wie Anm. 1, S. 85–90 • **36** ebd., S. 85 • **37** ebd., S. 89 • **38** ebd., S. 86 · **39** ebd. • **40** Dietmar Elger. *Gerhard Richter, Maler*, Köln 2002, S. 265 und S. 411 • **41** Gerhard Richter, zit. nach: *Der Spiegel*, 38/1993, S. 248 • **42** Interview mit Rolf-Gunter Dienst 1970, in: *Gerhard Richter*, wie Anm. 1, S. 56 • **43** Klaus Honnef: *Schwierigkeiten beim Beschreiben der Realität. Richters Malerei zwischen Kunst und Wirklichkeit*, in: *Gerhard Richter*, Katalog 3/69, Aachen 1969 • **44** Dietmar Elger, wie Anm. 7, S. 206 • **45** Gespräch mit Mathias Schreiber 1972, in: *Gerhard Richter*, wie Anm. 1, S. 62 • **46** ebd., S. 63 • **47** Interview mit Dorothea Dietrich 1985, in: *Gerhard Richter*, wie Anm. 1, S. 157 • **48** Interview mit Irmeline Lebeer 1973, in: *Gerhard Richter*, wie Anm. 1, S. 82 • **49** Gespräch mit Jan Thorn-Prikker über den Zyklus *18. Oktober 1977*, 1989, in: *Gerhard Richter*, wie Anm. 1, S. 232 • **50** ebd. • **51** Interview mit Gregorio Magnani 1989, in: *Gerhard Richter*, wie Anm. 1, S. 226.

Kapitel 4

52 Interview mit Bruno Corà 2000, in: *Gerhard Richter*, wie Anm. 1, S. 369 • **53** Interview mit Stefan Koldehoff 1999, in: *Gerhard Richter*, wie Anm. 1, S. 359 • **54** ebd. • **55** *Es geht nur noch um den Preis.* Interview: Hanno Rauterberg mit Gerhard Richter, in: *Die Zeit*, Nr. 10/2015, 5.3.2015 • **56** Interview mit Babette Richter, in: *Gerhard Richter*, wie Anm. 1, S. 454 • **57** Beat Wyss. *Der Wille zur Kunst. Zur ästhetischen Mentalität der Moderne*, Köln 1996, S. 157–172 **58** Pierre Bourdieu. *Manet. Eine symbolische Revolution*, Berlin 2015, S. 727 • **59** wie Anm. 1, S. 360 u. 365 • **60** Interview mit Sabine Schütz 1990, in: *Gerhard Richter*, wie Anm. 1, S. 262 **61** Pierre Bourdieu. *Zur Soziologie der symbolischen Formen*, Frankfurt 1970, S. 194 • **62** Gaston Bachelard. *Poetik des Raumes*, Frankfurt 1975, S. 99 · **63** Interview mit Sabine Schütz 1990, wie Anm. 9, S. 262 • **64** Notizen 1992, in: *Gerhard Richter*, wie Anm. 1, S. 283 • **65** ebd. • **66** Manuela Lenzen. *Warum Kaffeetassen ergriffen werden wollen. Der Körper denkt mit: Die Kognitionswissenschaft erweitert ihren Begriff von Geist und Wahrnehmung*, in: Frankfurter Allgemeine Zeitung, 6.3.2019 • **67** Interview mit Hans Ulrich Obrist, November 2006, in: *Gerhard Richter*, wie Anm. 1, S. 539 • **68** Notizen zur Pressekonferenz, 28.7.2006, in: *Gerhard Richter*, wie Anm. 1, S. 527 **69** Interview mit Hans Ulrich Obrist, 2007, in: *Gerhard Richter*, wie Anm. 1, S. 541 • **70** ebd., S. 542 • **71** ebd., S. 543 **72** Julia Voss und Peter Geimer: *Gespräch mit Gerhard Richter. Man kann Auschwitz nicht abmalen*, in: Frankfurter Allgemeine Zeitung, 25.2.2016 • **73** Karlheinz Lüdeking *Was heißt hier „Abstraktion"?*, in Frankfurter Allgemeine Zeitung, 7.7.2018.

Der Autor

Klaus Honnef war Honorarprofessor für Fototheorie an der Kunsthochschule Kassel. Er war Mitorganisator der documenta 5 und der documenta 6 in Kassel und hat mehr als 500 Ausstellungen weltweit kuratiert. Er hat zahlreiche Bücher verfasst, darunter bei TASCHEN *Kunst der Gegenwart*, *Andy Warhol* und *Pop Art*.

UMSCHLAGVORDERSEITE
Abstraktes Bild, 2017 (cr 952-4, Ausschnitt)
Öl auf Leinwand, 200 x 250 cm
Köln, Privatsammlung

UMSCHLAGRÜCKSEITE
Gerhard Richter, 2010
Foto: Anton Corbijn

Impressum

TASCHEN ARBEITET KLIMANEUTRAL.
Unseren jährlichen Ausstoß an Kohlenstoffdioxid kompensieren wir mit Emissionszertifikaten des Instituto Terra, einem Regenwaldaufforstungsprogramm im brasilianischen Minas Gerais, gegründet von Lélia und Sebastião Salgado. Mehr über diese ökologische Partnerschaft erfahren Sie unter: www.taschen.com/zerocarbon
Inspiration: grenzenlos. CO_2-Bilanz: null.

Lust auf mehr? Auf taschen.com finden Sie alle aktuellen Titel, können durch unser neuestes Magazin blättern und unseren Newsletter abonnieren.

Hohenzollernring 53, D–50672 Köln
www.taschen.com

Printed in Slovakia
ISBN 978-3-8365-7526-3

Der Verlag und der Autor danken Konstanze Ell, Atelier Gerhard Richter, Dr. Dietmar Elger und Kerstin Küster, Gerhard Richter Archiv Dresden, sowie Gabriele Honnef-Harling für die Unterstützung bei der Realisierung dieses Buches.

Neben den bereits in den Bildlegenden erwähnten Sammlungen und Institutionen seien hier die Fotografen genannt:
Hohe Domkirche Köln, Dombauhütte Köln, Matz und Schenk: 79; Benjamin Katz: 94; Michael C. Moeller: 93.
Alle übrigen Aufnahmen dieses Buches stellte das Atelier Gerhard Richter, Köln, bereit.